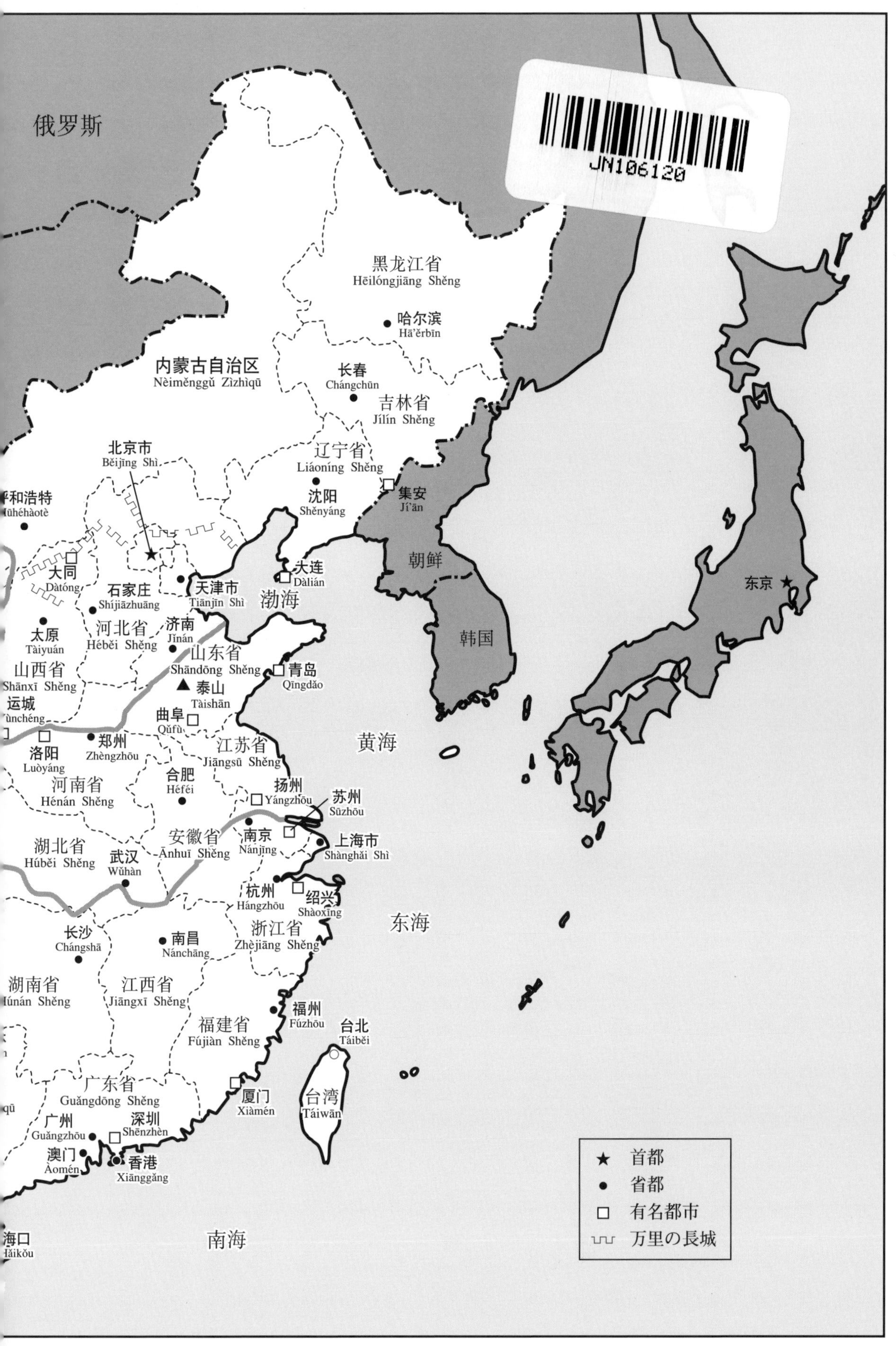

俄罗斯
黑龙江省
Hēilóngjiāng Shěng
哈尔滨
Hā'ěrbīn
内蒙古自治区
Nèiměnggǔ Zìzhìqū
长春
Chángchūn
吉林省
Jílín Shěng
北京市
Běijīng Shì
辽宁省
Liáoníng Shěng
沈阳
Shěnyáng
集安
Jí'ān
朝鲜
大连
Dàlián
大同
Dàtóng
石家庄
Shíjiāzhuāng
天津市
Tiānjīn Shì
渤海
东京
太原
Tàiyuán
河北省
Héběi Shěng
济南
Jǐnán
山东省
Shāndōng Shěng
青岛
Qīngdǎo
韩国
山西省
Shānxī Shěng
泰山
Tàishān
运城
曲阜
Qūfù
黄海
洛阳
Luòyáng
郑州
Zhèngzhōu
江苏省
Jiāngsū Shěng
河南省
Hénán Shěng
合肥
Héféi
扬州
Yángzhōu
苏州
Sūzhōu
湖北省
Húběi Shěng
武汉
Wǔhàn
安徽省
Ānhuī Shěng
南京
Nánjīng
上海市
Shànghǎi Shì
杭州
Hángzhōu
绍兴
Shàoxīng
东海
长沙
Chángshā
南昌
Nánchāng
浙江省
Zhèjiāng Shěng
湖南省
江西省
Jiāngxī Shěng
福建省
Fújiàn Shěng
福州
Fúzhōu
台北
Táiběi
广东省
Guǎngdōng Shěng
厦门
Xiàmén
台湾
Táiwān
广州
Guǎngzhōu
深圳
Shēnzhèn
澳门
Àomén
香港
Xiānggǎng
南海
海口
首都
省都
有名都市
万里の長城

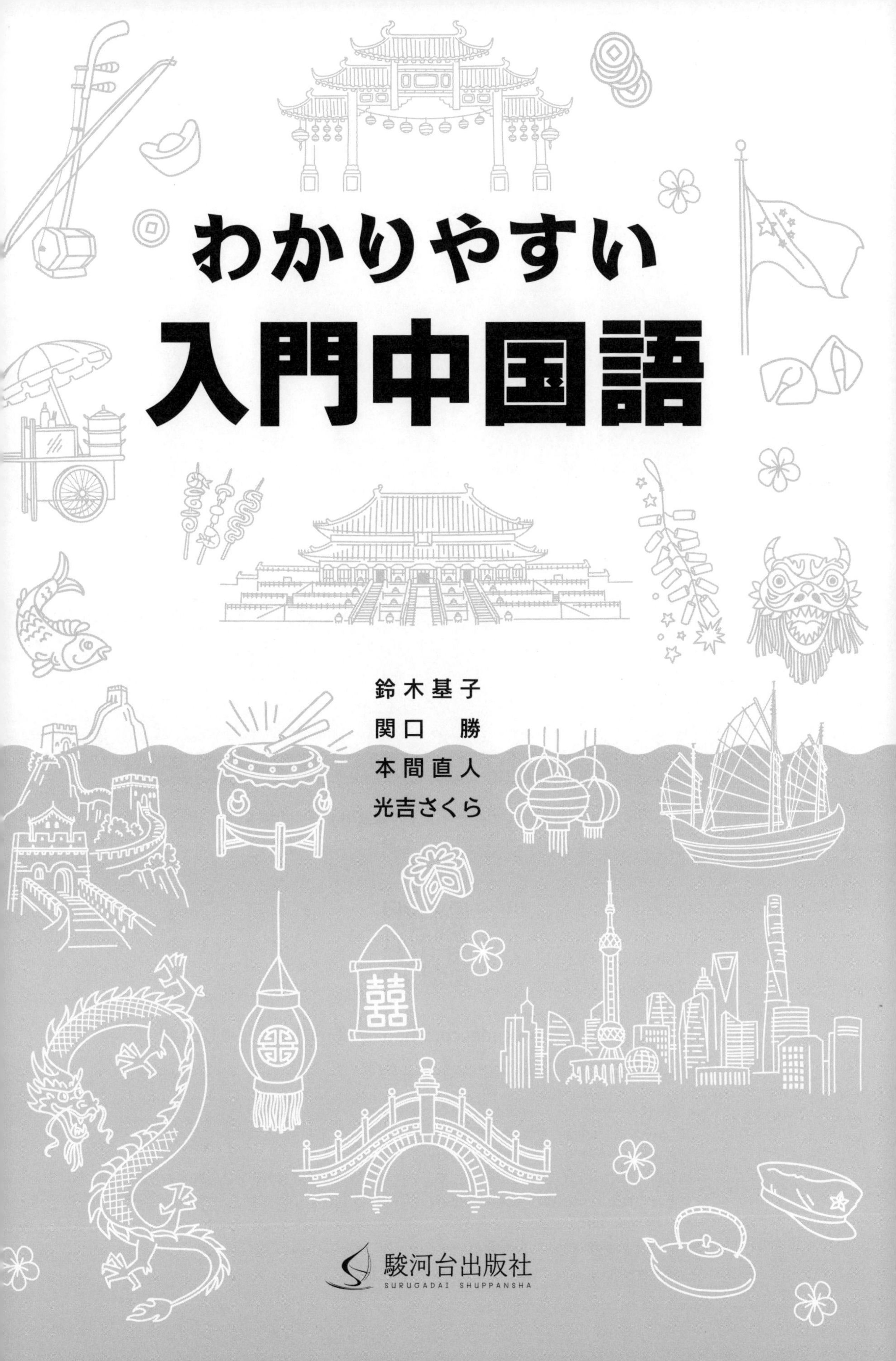

わかりやすい 入門中国語

鈴木基子
関口　勝
本間直人
光吉さくら

駿河台出版社
SURUGADAI SHUPPANSHA

音声について

本書の音声は、下記サイトより無料でダウンロード、
およびストリーミングでお聴きいただけます。

https://stream.e-surugadai.com/books/isbn978-4-411-03164-8/

＊ご注意
・PC からでも、iPhone や Android のスマートフォンからでも音声を再生いただけます。
・音声は何度でもダウンロード・再生いただくことができます。
・当音声ファイルのデータにかかる著作権・その他の権利は駿河台出版社に帰属します。
無断での複製・公衆送信・転載は禁止されています。

表紙・本文デザイン　小熊未央
本文イラスト　がりぼん（ひろガリ工房）

前書き

本書は、初めて中国語を学ぶ学生が中国語の基礎力をより効果的に修得できることを目指して書きました。《中国・中国語について》、《発音編》、《会話文・文法・練習問題・新出語句》で構成されています。

編集にあたりまして、中国語の基本構造をわかりやすく表にまとめて、視覚的に系統的に把握できるように工夫し、文法項目には、その〈肯定形〉、〈否定形〉、〈疑問形〉の例文を表示し、初学者が基本文法を容易に習得できるように心がけました。

《会話文》は覚えてすぐに日常で活用できるように、という考えから、なるべくやさしく、短くしました。

そのほか《練習問題》は、力試しとして用意したもので、リスニングをとりいれるなど中国語の各種資格試験にも対応できるように工夫しておりますので、用途に合わせてご活用いただければ幸いです。また本書は《会話文・文法・練習問題・新出語句》を録音した音声データを準備しました。聴力向上の手助けとなれば幸いです。

英語だけでなく、国連公用語のひとつで隣国の言語である中国語を学ぶことは、日常生活においても、世界平和のためにも必要なことでしょう。本書で基本を身に付け、ささやかながら草の根の民間交流に役立つことができればうれしく思います。

なお、本書は1995年4月に駿河台出版社より刊行されました『わかりやすい初級中国語文法』（鈴木達也ほか著）をもとに、鈴木達也先生（元亜細亜大学、筑波大学）のお考えを継承しつつ、執筆しました。2023年度《試行版》を経て、《入門篇》と《基礎篇》の分冊となりました。

本書の執筆にあたり熊進先生（NHK 国際放送局アナウンサー、早稲田大学講師）には、全面的なチェックをお願いすると同時に有益なご助言をたくさんいただきました。また2023年版《試行版》を修正するにあたり、本間直人先生（亜細亜大学、日本大学講師）には単語の整理などを、光吉さくら先生（駒澤大学、日本大学講師）には学習ポイントなどをお願い致しました。梅沢和幸先生（拓殖大学、日本大学講師）からも貴重なアドバイスとご協力をいただきました。イラストはゼミ生の杉本愛莉紗さんにお願いしました。心より感謝申し上げます。

最後に刊行にあたりまして、駿河台出版社社長上野名保子氏、編集部の浅見忠仁氏には言葉では言い尽くせぬほどお世話になりました。本当にありがとうございました。

2023年　師走

著者一同

◆目　次◆

中国・中国語について

★中国に親しみましょう！

1. （ ①明　②宋　③唐 ）の高僧鑑真の建てたお寺が（ ①京都　②奈良 ）にある（ ①唐招提寺　②万福寺 ）である。
2. 中国語は国連の公用語のひとつである。（ ①はい　②いいえ ）
3. 中国には漢民族以外に（ ①45　②55　③60 ）の少数民族がおり、中国全人口の１割弱を占める。一番多いのは（ ①朝鮮族　②蒙古族　③チベット族　④チワン族 ）である。
4. 中国の首都は（ ①南京　②上海　③北京　④西安 ）である。
5. 北京の緯度は（ ①函館市　②名古屋市　③秋田市　④神戸市 ）とほぼ同じである。
6. 中国の人口は約（ ①10億　②12億　③14億 ）である。
7. 中国の面積は日本の約（ ①10倍　②25倍　③35倍 ）である。
8. 中華人民共和国の成立は（ ①1950年　②1945年　③1949年 ）である。
9. 1911年の辛亥革命は（ ①毛沢東　②蒋介石　③孫文 ）によって起こされた。
10. 香港の地元の生活言語は、（ ①モンゴル語　②ウイグル語　③上海語　④広東語 ）である。
11. 華僑・華人の人口は、約（ ①5000万人から１億　②２億以上　③３億以上 ）である。
12. 愛新覚羅溥傑（あいしんかくらふけつ）（満州国皇帝愛新覚羅溥儀（あいしんかくらふぎ）の弟）の妻は、（ ①満州族　②日本人皇族　③ロシア人 ）嵯峨浩である。
13. 香港が中華人民共和国に返還されたのは（ ①2000年　②1997年　③1999年 ）である。マカオは（ ①2000年　②1997年　③1999年 ）である。
14. 日中国交正常化は、（ ①1972年　②1960年　③1978年 ）に田中角栄首相によってなされた。
15. 日中平和友好条約の締結は（ ①1978年　②1980年　③1972年 ）である。

★中国語について

1 「中国語」「漢語」「普通話」

中国は人口約14億を有する多民族国家ですが、総人口の約90％は、漢民族から構成されています。「中国語」とは漢民族の使用している言葉を指しており、中国では「漢語」“汉语”（Hànyǔ）と呼ばれています。広大な国土（日本の約25倍）の中国には、広東語、上海語など多くの方言が存在し、それぞれが地域の言葉を話した場合、中国人の間でも意思の疎通を図ることができない場合があります。そこで長年の検討を経て、“普通话”（pǔtōnghuà）と呼ばれる共通語が制定され、今では全国的に普及しており、一定の教育を受けた人たちはこの“普通话”を話すことができます。

“普通话”とは、「普(あまね)く通じる言葉」という意味で、①発音は北京語音による、②語彙は北方方言を基礎とする、③文法は典型的な現代口語文の著作による、という基準が設けられています。みなさんがこれから学ぶのも“普通话”です。

2 ピンイン字母

“普通话”を全国的に普及させるために考案されたのがローマ字による中国語表記法です。中国ではピンイン字母“拼音字母”（pīnyīn zìmǔ）と呼ばれ、日本ではピンインと呼ばれています。中国語を学ぶ際には、必ず習得しなければなりません。ピンインは、表記、読み方に独特な規則があり、英語や日本式のローマ字などとは異なるため、十分に注意をしなければなりませんが、決して難しくはありません。まず繰り返し発音の練習をして、ピンインの規則を習得しましょう。

3 漢字について

現在中国では、簡体字(かんたいじ)“简体字”（jiǎntǐzì）と呼ばれる簡略化された漢字が使われており、これが正式な文字となっています。この簡体字の中には、日本の漢字と字形が一致するものもありますが、下の表に示されているように元の字形が想像しがたいものもあります。また台湾や香港では現在も繁体字(はんたいじ)“繁體字”（fántǐzì）という伝統的な字体が使われています。

日本漢字	簡体字	繁体字
華	华	華
聴	听	聽
写	写	寫
雑	杂	雜
広	广	廣

発音編

1 中国語の音節のしくみ

現代中国語の音節も他の言語と同じように母音“韻母（yùnmǔ）”と子音“声母（shēngmǔ）”から構成されており、母音は35、子音は21ある。母音は単母音、複合母音、及び鼻母音からなり、それぞれ独立した音として機能する。それぞれの音節は、①母音 ②子音＋母音のいずれかである。子音だけでは音節は構成されない。

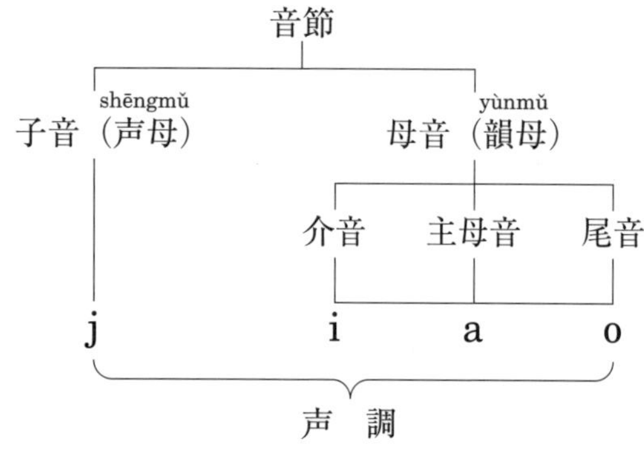

★介音とは、母音の中で主母音の前にある母音。

（1）ひとつの漢字を発音するために、原則として、ひとつの音節と声調を用いる。
（2）音節の総数は400余種（☞ PP.26-28。音節表参照）、声調をかぶせた音節の合計数はおよそ1300種となる。
（3）主母音となるのは、a・o・e・i・u・ü・i［ɿ］・-i［ʅ］・er。
（4）介音となるのは、i・u・ü。
（5）尾音となるのは、i・u・o・n・ng。
（6）声調記号は、主母音の上につける。
（7）a・o・eで始まる音節が他の音節の後ろに続く場合は、その間に隔音符号（’）を用いて切れ目をはっきりさせる。例えば、píng’ān（平安）, liàn’ài（恋爱）。

★［　］内はIPA（国際音声字母）による表記。

2 声調（四声）

中国語は代表的な声調言語（tone language）のひとつで、"普通话"ではそれぞれの音節ごとに4種類の声調がある。これを"四声"と呼んでいる。"四声"は、意味を区別する重要な役割を担っている。

001

第一声	第二声	第三声	第四声
ā	á	ǎ	à

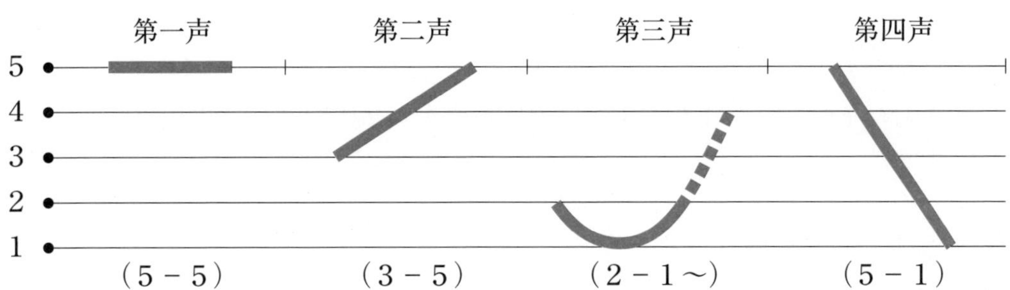

		声調記号	例
第一声	高く平らにのばす	—	ā
第二声	一気にパッと上げる	／	á
第三声	低く抑えてから音尾を軽く上げる	∨	ǎ
第四声	一気に下降させる	＼	à

声調記号のつけ方

1．母音がひとつだけの場合は、その上につける。

2．複合母音の場合は、

（1）a の上に、

（2）a がなければ e か o の上に、

（3）-iu・-ui は後の上につける。

3．i の上に記号をつける場合は、i の上の点を取って yī・mí・lǐ・xì のようにつける。

【練習1】 次のピンインを声調に注意して発音しましょう。

002（1）　ā　á　ǎ　à

003（2）　mā　má　mǎ　mà

妈　麻　马　骂

（お母さん）（痺(しび)れる）（馬）（罵(ののし)る）

004（3）Māma mà mǎ.

妈妈　骂　马。

005（4）Mǎ mà māma.

马　骂　妈妈。

【練習2】 音声を聞いて、声調記号をつけましょう。

006（1） a　a　a　a
007（2） a　a　a　a
008（3） ma　ma　ma　ma
009（4） ma　ma　ma　ma

3 単母音

010

a	o	e	i	u	ü	er
			(yi)	(wu)	(yu)	

★（ ）内は前に子音がなく、母音だけで音節をなす場合の綴り。辞書はもちろん、漢字の音はすべてこの文字表記を用いる。

●単母音の発音要領●

a　日本語の「ア」よりも口を大きくあけ、はっきりと発音する。

o　日本語の「オ」よりも唇を丸くして発音する。

e　唇を半開きにしてやや左右に引き、日本語の「エ」の口の形をして「オ」と発音する。

i　日本語の「イ」よりも唇を左右に強く引いて発音する。

u　日本語の「ウ」よりも唇を丸くし前へ突き出して発音する。

ü　唇を丸くすぼめ、前へ突き出して「イ」と発音する。

er　あいまいな「ア」を発音しながら、舌先を丸めて「ル」と発音する。
接尾辞（後置成分）として他の音節に続く場合は、「r」だけ綴る。(P.19参照)

【練習1】

［1］次のピンインを発音してみましょう。

011（1） a:　ā　á　ǎ　à
012（2） o:　ō　ó　ǒ　ò
013（3） i:　yī　yí　yǐ　yì
014（4） u:　wū　wú　wǔ　wù
015（5） ü:　yū　yú　yǔ　yù
016（6） er:　ér　ěr　èr
017（7） e:　ē　é　ě　è

★er は「現代中国語」に第一声の文字はない。

［2］次のピンインを声調に注意して発音してみましょう。

018（1） á è ér yù

019（2） yí yī yù yǔ

020（3） é è ō ó

021（4） yǐ wú yǔ ò

022（5） ěr è ér è

【練習2】 音声を聞いて、声調記号をつけましょう。 023

a o e yi wu yu er

4 子 音

（1）子音表 024

	無気音	有気音		
唇　音	b (o)	p (o)	m (o)	f (o)
舌尖音	d (e)	t (e)	n (e)	l (e)
舌根音	g (e)	k (e)	h (e)	
舌面音	j (i)	q (i)	x (i)	
捲舌音	zh (i)	ch (i)	sh (i)	r (i)
舌歯音	z (i)	c (i)	s (i)	

★（ ）内は各子音を発音する時の代表的子音。

★ zh, ch, sh, r および z, c, s の後の "-i" [ʅ] [ɿ] は、特別母音と言って単母音の "i [i]" とは異なる。
子音 zh, ch, sh, r の後の -i [ʅ] は舌先をそらせたまま「イ」と発音し、z, c, s の後の -i [ɿ] は唇を横に引いて上下の歯をつけて「ウ」と発音する。

（2）無気音と有気音

無気音
bo

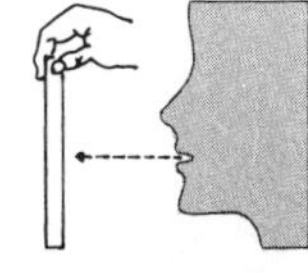

破裂を弱くし、息をおさえて発音する。例えば、bo ならば、日本語の「しっぽ」の「ぽ」を発音する要領で発音する（顔の前の紙は揺れない）。

有気音
po

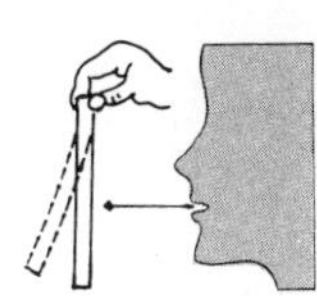

破裂を強くし、息を強く一気に吐き出すように発音する。例えば、po ならば、日本語の「ポテト」の「ポ」を発音する要領で発音する（顔の前の紙は揺れる）。

★"普通话" には原則として濁音はないので注意しなければならない。

【練習３】

［１］無気音・有気音の区別に注意して発音してみましょう。

025（１）b:p　bà 爸—pà 怕　bǐ 笔—pǐ 匹

026（２）d:t　dī 低—tī 踢　dù 肚—tù 兔

027（３）g:k　gē 歌—kē 科　gǔ 骨—kǔ 苦

028（４）j:q　jī 鸡—qī 七　jí 急—qí 骑

029（５）z:c　zì 字—cì 次　zū 租—cū 粗

［２］声調に注意して発音してみましょう。

唇音　b　p　m　f

030（１）bā 八　pà 怕　mā 妈　fā 发

031（２）bó 博　pó 婆　mò 墨　fó 佛

舌尖音　d　t　n　l

032（１）dé 德　tè 特　ne 呢　lè 乐

033（２）dà 大　tā 他　nà 那　lā 拉

舌根音　g　k　h

034（１）gē 哥　kě 渴　hē 喝

035（２）gù 故　kū 哭　hǔ 虎

舌面音　j　q　x

036（１）jǐ 几　qì 气　xǐ 洗

037（２）jù 剧　qù 去　xǔ 许

そり舌音　zh　ch　sh　r

038（１）zhī 只　chí 迟　shī 诗　rì 日

039（２）zhū 猪　chú 除　shū 书　rù 入

舌歯音　z　c　s

040（１）zī 资　cí 词　sī 私

041（２）zá 杂　cā 擦　sǎ 洒

［3］次の中国語を無気音“b”と有気音“p”に注意して発音してみましょう。

042（1）Bàba de bàba pà bàba de māma,
爸爸 的 爸爸 怕 爸爸 的 妈妈，
Bàba de māma pà māma de bàba.
爸爸 的 妈妈 怕 妈妈 的 爸爸。

043（2）Māma de bàba pà māma de māma,
妈妈 的 爸爸 怕 妈妈 的 妈妈，
Māma de māma pà bàba de bàba.
妈妈 的 妈妈 怕 爸爸 的 爸爸。

（3）捲舌音（そり舌音）

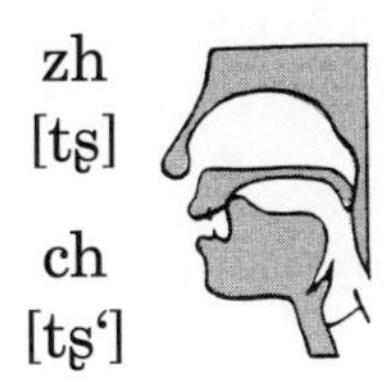

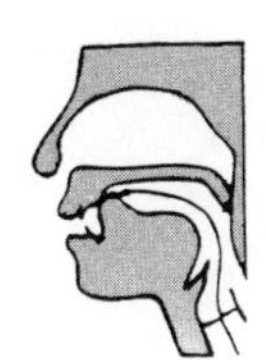
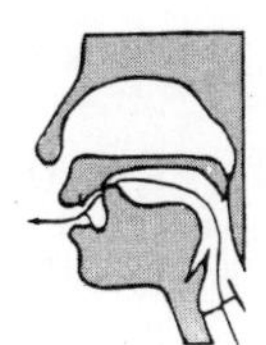

zh (i) ch (i) 044
ji 音を発音し終わった位置から舌を少し後ろに引くと、舌はスプーン状にそりかえる。この舌の位置を固定し、舌先を上顎にしっかり当てて「チ」を発音する。息をおさえて発音すれば zh になり、息を勢いよく出しながら発音すれば ch になる。

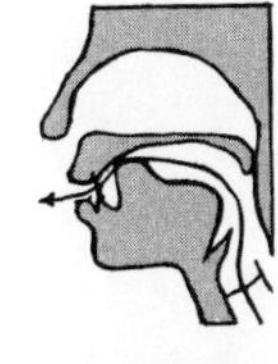

sh (i) r (i) 045
そり上げた舌先を上顎につけず、その間から息を摩擦させ「シ」音を発音すれば sh になり、同じ要領で声帯を振動させて「リ」音を発音すれば r になる。

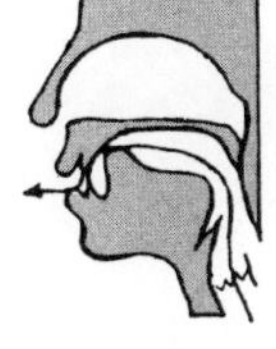

【練習4】 捲舌音（そり舌音）に注意して発音してみましょう。

046（1）zhī 知 chī 吃 shī 师 rì 日
047（2）zhīshi 知识 zhīchí 支持 shìshí 事实 rìshí 日食
048（3）Sì shì sì, shí shì shí.
四是四，十是十。
Shísì shì shísì, sìshí shì sìshí.
十四 是 十四，四十 是 四十。

5 複合母音

（1）二重母音 049

強弱型	ai	ei	ao	ou	
弱強型	ia	ie	ua	uo	üe
	(ya)	(ye)	(wa)	(wo)	(yue)

（2）三重母音 050

弱強弱型	iao	i〈o〉u	uai	u〈e〉i
	(yao)	(you)	(wai)	(wei)

★（　）内は前に子音がつかない時の綴り。

★前に子音がついた時は〈　〉内を省略して綴る。

例：-iou の前に子音がある時は、iu と綴る。例：q-iou ⇨ qiu　j-iou ⇨ jiu
　-uei の前に子音がある時は、ui と綴る。例：g-uei ⇨ gui　k-uei ⇨ kui

【練習５】

声調に注意して発音してみましょう。

［1］

051（1）ài 爱　èi 欸　ào 奥　ōu 欧
052（2）hǎi 海　mèi 妹　bǎo 宝　tóu 头
053（3）mǎi 买　běi 北　māo 猫　gǒu 狗

［2］

054（1）yā 鸭　yè 叶　wá 娃　wǒ 我　yuè 月
055（2）jiā 家　qié 茄　huā 花　shuō 说　xué 学
056（3）xiā 虾　tiě 铁　guà 挂　zhuō 桌　què 确

［3］

057（1）yào 药　yǒu 有　wài 外　wěi 伟
058（2）niǎo 鸟　liù 六　guāi 乖　guì 贵
059（3）xiǎo 小　niú 牛　huài 坏　shuǐ 水

［4］

060（1）liú 留　jiǔ 久　qiū 秋　xiù 秀
061（2）jiù 就　xiū 休　liǔ 柳　diū 丢

［5］

062（1）guī 归　kuī 亏　huí 回　suì 岁
063（2）zhuī 追　chuī 吹　shuì 睡　ruì 锐

【練習６】 数の数え方を覚えましょう！ 064

yī〔一〕

èr〔二〕

sān〔三〕

sì〔四〕

wǔ〔五〕

liù〔六〕

qī〔七〕

bā〔八〕

jiǔ〔九〕

shí〔十〕

6 鼻母音"-n"・"-ng"を伴う母音

065

an	en	ang	eng	ong

ian	in	iang	ing	iong
(yan)	(yin)	(yang)	(ying)	(yong)

uan	u〈e〉n	uang	ueng
(wan)	(wen)	(wang)	(weng)

üan	ün
(yuan)	(yun)

★ -ong は独立した音節とはならず、必ず子音と結びついて用いられる。

★ ueng は子音を伴うことはないので weng の形で覚える。

-n
[n]

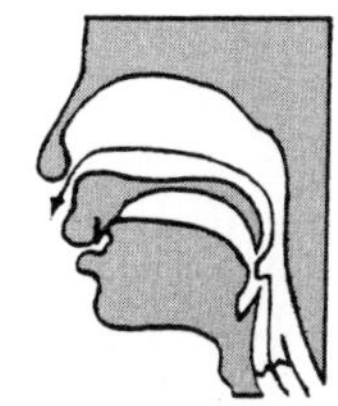

「アンナイ（案内）」の「ン」のように、舌先を上の歯茎（はぐき）にピッタリつけたまま息を鼻に通して発音する。

-ng
[ŋ]

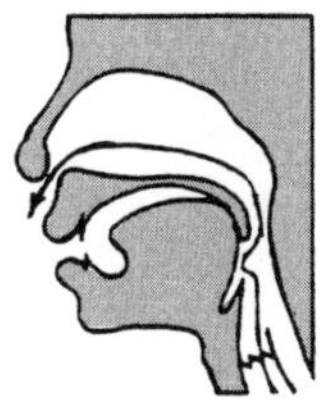

「アンガイ（案外）」の「ン」のように、舌先はどこにもつけず、舌の付け根を持ち上げて、息を鼻から強く抜くように発音する。

【練習7】 鼻母音“-n”・“-ng”の違いに注意して発音してみましょう。

066［1］an　ang

（1）bān 班—bāng 帮　（2）pàn 盼—pàng 胖

（3）kàn 看—kàng 抗　（4）fàn 饭—fàng 放

067［2］en　eng

（1）pén 盆—péng 朋　（2）chén 陈—chéng 程

（3）bēn 奔—bēng 崩　（4）sēn 森—shēng 声

068［3］in　ing

（1）mín 民—míng 名　（2）yīn 音—yīng 英

（3）jīn 金—jīng 京　（4）qín 琴—qíng 情

069［4］ian　iang

（1）qián 钱—qiáng 墙　（2）nián 年—niáng 娘

（3）xiān 先—xiāng 香　（4）jiǎn 简—jiǎng 讲

070［5］uan　uang

（1）guān 观—guāng 光　（2）wán 完—wáng 王

（3）zhuān 专—zhuāng 装　（4）chuán 传—chuáng 床

071［6］uen　ueng

（1）wēn 温—wēng 翁

【練習８】 次のピンイン“un”の読み方に注意して発音してみましょう。

072 ［１］（１）dūn 吨　（２）tūn 吞　（３）lún 轮
（４）gùn 棍　（５）kùn 困　（６）hún 魂
（７）zhǔn 准　（８）chūn 春　（９）rùn 润
（10）zūn 尊　（11）cūn 村　（12）sūn 孙

【練習９】 次のピンイン“un”と“iong”の読み方に注意して発音してみましょう。

073 ［１］（１）jūn 军　（２）qún 裙　（３）xún 寻　（４）yùn 运
074 ［２］（１）jiǒng 窘　（２）qióng 穷　（３）xióng 熊　（４）yòng 用

【練習10】 挨拶言葉を覚えましょう！

075 ❶ Nǐ hǎo.
你 好。　こんにちは。
Nín zǎo.
您 早。　おはようございます。

076 ❷ Duìbuqǐ.
对不起。　すみません。
Méi guānxi.
没 关系。　大丈夫です。

077 ❸ Xièxie nín.
谢谢 您。　ありがとうございます。
Bú xiè.
不 谢。　どういたしまして。

078 ❹ Zàijiàn.
再见。　さようなら。
Míngtiān jiàn.
明天 见。　明日また会いましょう。

【参考】系図

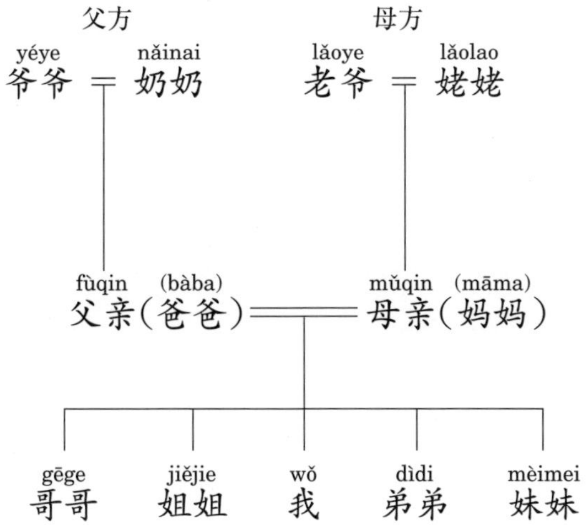

【参考】中国人の姓

Wáng 王　Lǐ 李　Zhāng 张　Lín 林　Cài 蔡
Liú 刘　Chén 陈　Yáng 杨　Huáng 黄　Zhào 赵
Zhōu 周　Xú 徐　Sūn 孙　Mǎ 马　Zhū 朱
Hú 胡　Guō 郭　Hé 何　Sòng 宋　Qián 钱
Cáo 曹　Wāng 汪　Táng 唐　Xǔ 许　Sū 苏
Ōuyáng 欧阳　Zhūgě 诸葛　Xīmén 西门　Sīmǎ 司马

7 声調の変化

（1）第三声の声調変化

079 ①第三声＋第三声⇨第二声＋第三声

Nǐ hǎo ⇨ ní hǎo　　yǒuhǎo ⇨ yóuhǎo
你 好　　友好

dǎ sǎo ⇨ dá sǎo　　lǐxiǎng ⇨ líxiǎng
打 扫　　理想

★実際に発音する時は「第二声」で発音する。声調記号は、もとのまま第三声の記号「ˇ」を書く。

080 ②第三声＋第一・二・四・軽声⇨半三声＋第一・二・四・軽声

lǎoshī　Měiguó　kǎoshì　yǐzi
老师　美国　考试　椅子

huǒchē　xiǎoxué　wǎngluò　zǎoshang
火车　小学　网络　早上

★半三声は第三声の前半の低い部分のみを発音し、次の音節に移る。声調記号は、もとのまま第三声の記号「ˇ」を書く。

（2）"一 yī"の声調変化

081 ①"一 yī"＋第四・軽声⇨第二声＋第四・軽声

yī wàn ⇨ yí wàn　　yī yàng ⇨ yí yàng　　yī ge ⇨ yí ge
一万　　一样　　一个

082 ②"一 yī"＋第一・二・三声⇨第四声＋第一・二・三声

yī qiān ⇨ yì qiān　　yī nián ⇨ yì nián　　yī bǎi ⇨ yì bǎi
一千　　一年　　一百

083 ③順序・順番を表す時は変化しない。

yī yuè　yī lóu　dì yī kè　yī niánjí
一月　一楼　第一课　一年级

084（3）“不”の声調変化

“不 bù”＋第四声⇨第二声＋第四声

bù kàn → bú kàn　　bù yòng → bú yòng
不 看　　不 用

bù xiè → bú xiè　　bù kèqi → bú kèqi
不 谢　　不 客气

★声調の変化だけでなく、声調記号も第二声の記号「ˊ」を書く。

8 “r”化音

単語の末尾音節の語尾で舌をそらし、軽く「ル」を発音する。このように語尾が「そり舌化」した音をr化音（アル化音／アール化音）という。漢字表記は末尾に“儿”を付け、ピンイン表記は、rをつける。

085 ①〈-a, -o, -e, -u〉＋ r：そのままrを添える。

例　mǎ → mǎr　　gē → gēr
马　马儿　　哥　哥儿

086 ②〈単母音 -i・-ü〉＋ r：erを添える。

例　jī → jīr → jiēr　　yú → yúr → yuér
鸡　鸡儿　　鱼　鱼儿

087 ③〈-ai, -ei, -an, -en〉＋ r：iやnを発音しない。

例　wán → wánr → wár　　xiǎohái → xiǎoháir → xiǎohár
玩　玩儿　　小孩　小孩儿

088 ④〈-in, -un, -ün, -ui〉＋ r：n, iを発音せずerを添える。

例　qún → qúnr → qúer　　xìn → xìnr → xìr
裙　裙儿　　信　信儿

089 ⑤〈-ng〉＋ r：ngを発音せず、その前の母音を鼻音化する。

例　máng → mángr → mǎr　　kòng → kòngr → kǒr
忙　忙儿　　空　空儿

★～は鼻音化を表す記号である。

090 ⑥〈-ie, -üe, 特別母音 -i〉＋ r：e, iを発音せずerを添える。

例　shì → shìr → shèr　　zì → zìr → zèr
事　事儿　　字　字儿

9 軽　声

軽声は本来の声調を失った音で、軽く、短く発音する。声調記号はつけない。

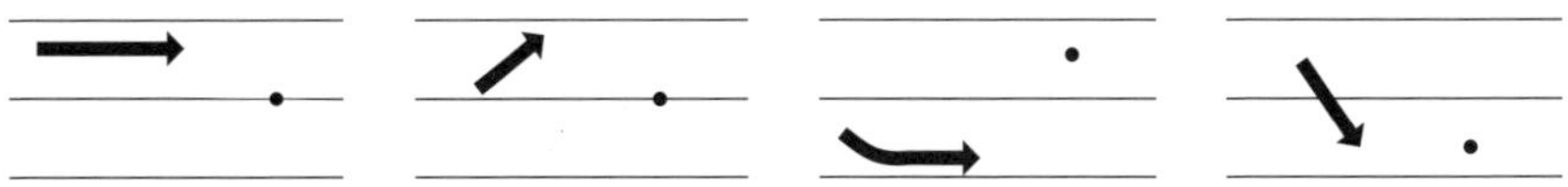

091

gēge	yéye	jiějie	bàba
哥哥	爷爷	姐姐	爸爸
yīfu	mántou	lǎolao	kuàizi
衣服	馒头	姥姥	筷子

10 声調の組み合わせ

（1）092

1声＋1声	fēijī 飞机	xiāngjiāo 香蕉	kāfēi 咖啡
1声＋2声	Zhōngguó 中国	Yīngguó 英国	shuāyá 刷牙
1声＋3声	Dōngběi 东北	fāngfǎ 方法	fābiǎo 发表
1声＋4声	jīdàn 鸡蛋	bāngzhù 帮助	fānyì 翻译

（2）093

2声＋1声	míngtiān 明天	máojīn 毛巾	guójiā 国家
2声＋2声	páiqiú 排球	lánqiú 篮球	zúqiú 足球
2声＋3声	niúnǎi 牛奶	yóuyǒng 游泳	cídiǎn 词典
2声＋4声	xuéxiào 学校	zázhì 杂志	yóupiào 邮票

（3）094

3声＋1声	měitiān 每天	zǎocān 早餐	bǐnggān 饼干
3声＋2声	bǐmíng 笔名	wǎngqiú 网球	wěiyuán 委员
3声＋3声	xiǎoyǔ 小雨	guǎngchǎng 广场	shǒubiǎo 手表
3声＋4声	bǐsài 比赛	zǎofàn 早饭	shǔjià 暑假

（4）095

4声＋1声	miànbāo 面包	xiàbān 下班	mùbiāo 目标
4声＋2声	bàngqiú 棒球	miàntiáo 面条	wèntí 问题
4声＋3声	Shànghǎi 上海	Rìběn 日本	diànnǎo 电脑
4声＋4声	zàijiàn 再见	qìxiàng 气象	hùzhào 护照

（5） 096

1声＋軽声	xiānsheng 先生	zhuōzi 桌子	dōngxi 东西
2声＋軽声	bízi 鼻子	xíngli 行李	péngyou 朋友
3声＋軽声	běnzi 本子	nǎinai 奶奶	nuǎnhuo 暖和
4声＋軽声	àiren 爱人	bàba 爸爸	piàoliang 漂亮

【練習】 簡単な会話を覚えましょう！

097 ❶ Nín guìxìng?
您 贵姓？ お名前は何とおっしゃいますか。
Wǒ xìng Wú.
我 姓 吴。 呉と申します。

098 ❷ Nǐ jiào shénme míngzi?
你 叫 什么 名字？ お名前は何と言いますか。
Wǒ jiào Wú Zōngmíng.
我 叫 吴 宗铭。 私は呉宗銘と申します。

099 ❸ Qǐng duō guānzhào.
请 多 关照。 どうぞよろしくお願いします。
Bǐcǐ, bǐcǐ.
彼此，彼此。 こちらこそ。

100 ❹ Huānyíng, huānyíng.
欢迎， 欢迎。 ようこそ。

101 ❺ Hǎojiǔ bú jiàn.
好久 不 见。 お久しぶりです。

102 ❻ Tài máfan nín le.
太 麻烦 您 了。 ご面倒をおかけします。

103 ❼ Nǐ xīnkǔ le.
你 辛苦 了。 ご苦労様でした。

104 ❽ Wǒ gāi zǒu le.
我 该 走 了。 そろそろ失礼します。もうおいとまいたします。

105 ❾ Qǐng duō zhǐjiào.
请 多 指教。 ご指導のほどよろしくお願いします。

106 ❿ Huítóu jiàn.
回头 见。 またあとで。

中国語音節表

声母(子音) \ 韻母(母音)			①(介音なし)															
			a	o	e	ê	er	-i		ai	ei	ao	ou	an	en	ang	eng	ong
			[A]	[o]	[ɤ]	[ɛ]	[ə]	[ɿ]	[ʅ]	[ai]	[ei]	[ɑu]	[ou]	[an]	[ən]	[ɑŋ]	[əŋ]	[uŋ]
ゼロ声母			a	o	e	ê	er (-r)			ai	ei	ao	ou	an	en	ang	eng	
唇音	両唇音	b [p]	ba	bo						bai	bei	bao		ban	ben	bang	beng	
		p [p‘]	pa	po						pai	pei	pao	pou	pan	pen	pang	peng	
		m [m]	ma	mo	me					mai	mei	mao	mou	man	men	mang	meng	
	唇歯音	f [f]	fa	fo							fei		fou	fan	fen	fang	feng	
舌尖音		d [t]	da		de					dai	dei	dao	dou	dan	den	dang	deng	dong
		t [t‘]	ta		te					tai		tao	tou	tan		tang	teng	tong
		n [n]	na		ne					nai	nei	nao	nou	nan	nen	nang	neng	nong
		l [l]	la	lo	le					lai	lei	lao	lou	lan		lang	leng	long
舌根音		g [k]	ga		ge					gai	gei	gao	gou	gan	gen	gang	geng	gong
		k [k‘]	ka		ke					kai	kei	kao	kou	kan	ken	kang	keng	kong
		h [x]	ha		he					hai	hei	hao	hou	han	hen	hang	heng	hong
舌面音		j [tɕ]																
		q [tɕ‘]																
		x [ɕ]																
捲舌音		zh [tʂ]	zha		zhe				zhi	zhai	zhei	zhao	zhou	zhan	zhen	zhang	zheng	zhong
		ch [tʂ‘]	cha		che				chi	chai		chao	chou	chan	chen	chang	cheng	chong
		sh [ʂ]	sha		she				shi	shai	shei	shao	shou	shan	shen	shang	sheng	
		r [ʐ]			re				ri			rao	rou	ran	ren	rang	reng	rong
舌歯音		z [ts]	za		ze			zi		zai	zei	zao	zou	zan	zen	zang	zeng	zong
		c [ts‘]	ca		ce			ci		cai		cao	cou	can	cen	cang	ceng	cong
		s [s]	sa		se			si		sai		sao	sou	san	sen	sang	seng	song

声母(頭子音)がつかない場合の表記法

単母音の i と異なる点に注意

n と ng との違いに注意

中国語音節表

声母（子音）＼韻母（母音）			②（介音 i）									
			i	ia	ie	iao	iou -iu	ian	in	iang	ing	iong
			[i]	[ia]	[iɛ]	[iɑu]	[i^{o}u]	[iɛn]	[in]	[iɑŋ]	[iŋ]	[yuŋ]
ゼロ声母			yi	ya	ye	yao	you	yan	yin	yang	ying	yong
唇音	両唇音	b [p]	bi		bie	biao		bian	bin		bing	
		p [pʻ]	pi		pie	piao		pian	pin		ping	
		m [m]	mi		mie	miao	miu	mian	min		ming	
	唇歯音	f [f]										
舌尖音		d [t]	di	dia	die	diao	diu	dian			ding	
		t [tʻ]	ti		tie	tiao		tian			ting	
		n [n]	ni		nie	niao	niu	nian	nin	niang	ning	
		l [l]	li	lia	lie	liao	liu	lian	lin	liang	ling	
舌根音		g [k]										
		k [kʻ]										
		h [x]										
舌面音		j [tɕ]	ji	jia	jie	jiao	jiu	jian	jin	jiang	jing	jiong
		q [tɕʻ]	qi	qia	qie	qiao	qiu	qian	qin	qiang	qing	qiong
		x [ɕ]	xi	xia	xie	xiao	xiu	xian	xin	xiang	xing	xiong
捲舌音		zh [tʂ]										
		ch [tʂʻ]										
		sh [ʂ]										
		r [ʐ]										
舌歯音		z [ts]										
		c [tsʻ]										
		s [s]										

← 声母（頭子音）がつかない場合の表記法（ゼロ声母）

↑ a の発音に注意（ian）

↑ 消える o に注意（iou-iu）

中国語音節表

韻母（母音）／声母（子音）			③（介音 u）									④（介音 ü）			
			u	ua	uo	uai	uei -ui	uan	uen -un	uang	ueng	ü	üe	üan	ün
			[u]	[ua]	[uo]	[uai]	[u^0n]	[uan]	[u^0n]	[uɑŋ]	[uəŋ]	[y]	[yɛ]	[yan]	[yn]
ゼロ声母			wu	wa	wo	wai	wei	wan	wen	wang	weng	yu	yue	yuan	yun
唇音	両唇音	b [p]	bu												
唇音	両唇音	p [p‘]	pu												
唇音	両唇音	m [m]	mu												
唇音	唇歯音	f [f]	fu												
舌尖音		d [t]	du		duo		dui	duan	dun						
舌尖音		t [t‘]	tu		tuo		tui	tuan	tun						
舌尖音		n [n]	nu		nuo			nuan				nü	nüe		
舌尖音		l [l]	lu		luo			luan	lun			lü	lüe		
舌根音		g [k]	gu	gua	guo	guai	gui	guan	gun	guang					
舌根音		k [k‘]	ku	kua	kuo	kuai	kui	kuan	kun	kuang					
舌根音		h [x]	hu	hua	huo	huai	hui	huan	hun	huang					
舌面音		j [tɕ]										ju	jue	juan	jun
舌面音		q [tɕ‘]										qu	que	quan	qun
舌面音		x [ɕ]										xu	xue	xuan	xun
捲舌音		zh [tʂ]	zhu	zhua	zhuo	zhuai	zhui	zhuan	zhun	zhuang					
捲舌音		ch [tʂ‘]	chu	chua	chuo	chuai	chui	chuan	chun	chuang					
捲舌音		sh [ʂ]	shu	shua	shuo	shuai	shui	shuan	shun	shuang					
捲舌音		r [ʐ]	ru	rua	ruo		rui	ruan	run						
舌歯音		z [ts]	zu		zuo		zui	zuan	zun						
舌歯音		c [ts‘]	cu		cuo		cui	cuan	cun						
舌歯音		s [s]	su		suo		sui	suan	sun						

声母（頭子音）がつかない場合の表記法

ü の ¨ 省略

消えるeに注意（uei -ui）

消えるeに注意（uen -un）

消えるüの点に注意

第1課

Nǐ shì liúxuéshēng ma?
你 是 留学生 吗?

学習ポイント ①人称代名詞“我”、“你”、“他”、“他们”「わたし、あなた、彼、彼ら」
②指示代名詞“这”、“那”、“哪”「これ、それ、あれ、どれ」
③“是”述語文：「～は…だ」
④疑問詞疑問文“谁”「だれ」

会話 107

Nǐ shì liúxuéshēng ma?
A：你 是 留学生 吗?

Shì, wǒ shì Zhōngguó liúxuéshēng.
B：是，我 是 中国 留学生。

Tāmen yě shì Zhōngguó liúxuéshēng ma?
A：他们 也 是 中国 留学生 吗?

Búshì, tāmen dōu shì Rìběn xuésheng.
B：不是，他们 都 是 日本 学生。

....

Tā shì shéi(shuí)?
A：她 是 谁?

Shì wǒ jiějie.
B：是 我 姐姐。

....

Zhè shìbushì nǐ de diànnǎo?
A：这 是不是 你 的 电脑?

Búshì, zhè shì lǎoshī de diànnǎo.
B：不是，这 是 老师 的 电脑。

簡体字と繁体字

学（學）吗（嗎）们（們）国（國）谁（誰）这（這）师（師）电（電）脑（腦）

文法

1 人称代名詞

 108

	一人称	二人称	三人称
単数	wǒ 我	nǐ · nín 你・您	tā · tā · tā 他・她・它
複数	wǒmen · zánmen 我们・咱们	nǐmen 你们	tāmen · tāmen · tāmen 他们・她们・它们

★"您"は"你"の丁寧な言い方。

★"咱们"は聞き手を含めて「わたしたち」と言う時に使う。

★"它"は人以外の動物や事物を指す。

2 指示代名詞

 109（縦読み）

近称	遠称		疑問
こ〜	そ〜	あ〜	ど〜
zhè 这 zhège (zhèige) 这个	nà 那 nàge (nèige) 那个		nǎ 哪 nǎge (něige) 哪个
zhèxiē 这些	nàxiē 那些		nǎxiē 哪些

3 "是"述語文

"是"は動詞に分類されるが、動作・行為を表す一般の動詞とは異なり、主語について「〜である」という判断、説明、断定を表す。

（1）肯定形と否定形　110

主語	述語		
	否定詞	動詞"是"	目的語
Zhè / Nà 这 / 那	*	shì 是	diànnǎo. 电脑。
Wǒ / Nǐ 我 / 你	bú 不	shì 是	Hánguórén. 韩国人。
Tāmen 他们 / 她们	bú 不	shì 是	liúxuéshēng. 留学生。

（2）疑問形

①“吗”疑問文 111

主語	述語		
	動詞“是”	目的語	疑問助詞
Zhè / Nà 这 / 那	shì 是	shūbāo 书包	ma? 吗？
Nǐ / Tā 你 / 他	shì 是	dàxuéshēng 大学生	ma? 吗？
Tāmen 他们 / 她们	shì 是	liúxuéshēng 留学生	ma? 吗？

②反復疑問文 112

主語	述語		
	肯定形	否定形	名詞あるいは代詞
Zhè / Nà 这 / 那	shì 是	bu shì 不 是	huāchá? 花茶？
Nǐ / Tā 你 / 他	shì 是	bu shì 不 是	hùshi? 护士？
Tāmen 他们 / 她们	shì 是	bu shì 不 是	Táiwān xuésheng? 台湾 学生？

③疑問詞疑問文 113

谁 shéi，shuí「だれ」

質問	回答
Tā shì shéi? 他 是 谁？	Tā shì wǒ jiějie. 他 是 我 姐姐。
Shéi shì Lǐ xiānsheng? 谁 是 李 先生？	Tā shì Lǐ xiānsheng. 他 是 李 先生。

4 副詞 "也" (yě) (～も) と "都" (dōu) (みんな、すべて)

114

主語	述語		
	副詞	動詞	目的語
Tā 她	yě 也	shì 是	yīshēng. 医生。
Wǒ 我	yě bú 也 不	shì 是	gōngxīnzú. 工薪族。
Wǒmen 我们	dōu 都	shì 是	hǎo péngyou. 好朋友。
Tāmen 他们	dōu bú 都不	shì 是	Rìběnrén. 日本人。

★"也"も"都"も副詞なので、動詞の前に置く。

★副詞を用いた文では反復疑問文を作ることはできない。

★"也"と"都"を同時に用いる場合は、"也都"とする。例）Tāmen 他们 yě 也 dōu 都 shì 是 dàxuéshēng. 大学生。

5 所有や所属を表す "的" (～の) とその省略

115

（1）名詞（人称代名詞を含む）が名詞を修飾し、「所有・帰属」を表す場合、その間に「的」を用いる。

wǒ de kèběn
我 的 课本（私の教科書）　túshūguǎn de shū 图书馆 的 书（図書館の本）

（2）人称代名詞の後に親族、人間関係、所属を表す場合や意味がすでに熟語化している場合、ふつう"的"は省略される。

wǒ māma
我 妈妈（私の母）　wǒmen xuéxiào 我们 学校（私たちの学校）

Měiguó lǎoshī
美国 老师（アメリカ人の先生）　Zhōngwén bào 中文 报（中国語の新聞）

練習 1

I 音声を聴いて漢字（簡体字）で書きとりましょう。 116

❶ ……

❷ ……

❸ ……

❹ ……

❺ ……

❻ ……

II 次の日本語を中国語に訳しなさい。

❶ これは彼のカバンで、私のではありません。

❷ 彼は私の弟です。（弟：弟弟 dìdi）

❸ 彼らもすべて学生ですか。

❹ これはあなたのパソコンですか。

❺ 私たちはみんな仲良しです。

❻ 彼もサラリーマンではありません。

新出単語

会話

nǐ 你　代 あなた。君。

shì 是　動（～で）ある。（～）です。 応 はい、そのとおりです。

liúxuéshēng 留学生　名 留学生。

ma 吗　助 文末に用いて疑問を表す。～か。

wǒ 我　代 わたし。

Zhōngguó 中国　名 中国（中華人民共和国の略）。

tāmen 他们　代 彼ら。

yě 也　副 ～もまた。

bù 不　副（動詞の意思・未来・習慣の）否定、また形容詞の否定。

dōu 都　副 みな。全部。

Rìběn 日本　名 日本。

tā 她　代 彼女。

shéi / shuí 谁　代 だれ。どなた。

jiějie 姐姐　名 姉。

zhè, zhèi 这　代 これ。この。その。

wèi 位　助数 人を数える（敬意を込めた言い方）。

de 的　助 ～の。

diànnǎo 电脑　名 パソコン。

lǎoshī 老师　名 先生。

文法

nín 您　代 あなた。"你"の敬称。

tā 它　代 それ。その。あれ。あの。

wǒmen 我们　代 わたしたち。

zánmen 咱们　代（聞き手を含めて）わたしたち。

tāmen 她们　代 彼女たち。

tāmen 它们　代 それら。

nà, nèi 那　代 それ。その。あれ。あの。

nǎ, něi 哪　代 どれ。どの。

Hánguórén 韩国人　名 韓国人。

shūbāo 书包　名 かばん。

dàxuéshēng 大学生　名 大学生。

huāchá 花茶　名 ジャスミン茶などの花の香りをつけたお茶。

hùshi 护士　名 看護師。

Táiwān 台湾　名 台湾。

Lǐ 李　名 李。（中国人の姓）

xiānsheng 先生　名（男性の敬称）…さん。

yīshēng 医生　名 医師。医者。

gōngxīnzú 工薪族　名 サラリーマン。

hǎo péngyou 好朋友　仲良し。親友。

Rìběnrén 日本人　名 日本人。

kèběn 课本　名 教科書。

túshūguǎn 图书馆　名 図書館。

shū 书　名 本。

māma 妈妈　名 お母さん。

xuéxiào 学校　名 学校。

Měiguó 美国　名 アメリカ。米国。

Zhōngwén 中文　名 中国語。

bào 报　名 新聞。

練習

dìdi 弟弟　名 弟。

第2課

Nǐ máng ma?

你忙吗？

学習ポイント ①形容詞述語文「～は…だ」
②主述述語文「～は［○○が…だ］」

会話 117

Nǐ máng ma?
A：你 忙 吗？

Bù máng, nǐ ne?
B：不 忙，你 呢？

Wǒ yě bú tài máng.
A：我 也 不 太 忙。

Nà tài hǎo le.
B：那 太 好 了。

…………………………

Nǐ jìnlái hǎo bu hǎo?
A：你 近来 好 不 好？

Xièxie, wǒ hěn hǎo.
B：谢谢，我 很 好。

Nǐ fùmǔ yě hǎo ba?
A：你 父母 也 好 吧？

Tuō nín de fú, tāmen yě hěn hǎo.
B：托 您 的 福，他们 也 很 好。

簡体字と繁体字

近（近）来（來）谢（謝）托（託）福（福）

1 形容詞述語文

（1）肯定形 118

主語	述語	
	副詞	形容詞
Tiānqì 天气	hěn 很	hǎo. 好。
Wǒ de cídiǎn 我 的 词典	hěn 很	hòu. 厚。
Táiwān de xiàtiān 台湾 的 夏天	fēicháng 非常	rè. 热。

＊中国語の形容詞は、単独で述語になることができるが、対比の意味を含んでいるため、対比の意味を消去したい場合には、程度副詞“很”などを加える。この場合は、「とても、たいへん」という程度強調の働きはない。

（2）否定形 119

主語	述語	
	副詞	形容詞
Tiānqì 天气	bù 不	hǎo. 好。
Gōngzuò 工作	bú tài 不 太	máng. 忙。

（3）疑問形

①“吗”疑問文 120

主語	述語	
	形容詞	語気助詞
Xuésheng 学生	duō 多	ma? 吗？
Tāmen 他们	rèqíng 热情	ma? 吗？

②反復疑問文 121

主語	述語	
	形容詞の肯定形	形容詞の否定形
Gōngzuò 工作	máng 忙	bu máng? 不 忙？
Nǐ de shǒubiǎo 你 的 手表	zhǔn 准	bu zhǔn? 不 准？

2 主述述語文　述語部が［主語＋述語］構造になっている。

122

<table>
<tr><th rowspan="3">主語</th><th colspan="3">述語</th></tr>
<tr><th rowspan="2">主語</th><th colspan="2">述語</th></tr>
<tr><th>副詞</th><th>形容詞</th></tr>
<tr><td>Jīntian
今天</td><td>tiānqì
天气</td><td>hěn
很</td><td>hǎo.
好。</td></tr>
<tr><td>Hànyǔ
汉语</td><td>fāyīn
发音</td><td>hěn
很</td><td>nán.
难。</td></tr>
</table>

【参考】

主な形容詞

123

rè 热	（暑い）	lěng 冷	（寒い）
yuǎn 远	（遠い）	jìn 近	（近い）
cháng 长	（長い）	duǎn 短	（短い）
dà 大	（大きい）	xiǎo 小	（小さい）
nuǎnhuo 暖和	（暖かい）	liángkuai 凉快	（涼しい）

練習 2

I 音声を聴いて漢字（簡体字）で書きとりましょう。 124

❶ .... （父：爸爸 bàba）

❷ .... （清潔である：干净 gānjìng）

❸ ....

❹ ....

❺ ....

❻ ....

II 次の日本語を中国語に訳してみましょう。

❶ あなたの辞書はあまり厚くありません。

❷ 私のパソコンは安いです。（安い：便宜 piányi）

❸ 彼の腕時計は合っていますか。

❹ あなたは仕事が忙しいですか。

❺ 台湾の夏は暑いですか。

❻ 中国語は発音が難しいですか。

新出単語

会話

máng 忙 形 忙しい。
ne 呢 助 ～は？
bútài 不太 副 あまり～ない。
nà, nèi 那 代 (上に述べたことを指して) それ。
tài…le 太…了 形容詞の程度を強調する。とても…だ。ほんとうに…だ。
nà tài hǎo le 那太好了 それはすばらしいですね。
hǎo 好 形 よい。元気である。健康である。
jìnlái 近来 名 近ごろ。最近。
xièxie 谢谢 動 ありがとうございます。
hěn 很 副 とても。たいへん。(強く読まないと「とても」の意味をもたない)
fùmǔ 父母 名 両親。父母。
ba 吧 助 (疑問の語気をやわらげる) …でしょう？
tuō / fú 托 / 福 動 おかげさまで。tuō nín de fú (托您的福)

文法

tiānqì 天气 名 天気。
cídiǎn 词典 名 辞書。辞典。
hòu 厚 形 厚い。
xiàtiān 夏天 名 夏。
fēicháng 非常 副 非常に。きわめて。たいへん。
rè 热 形 暑い。
gōngzuò 工作 動 働く。仕事をする。名 仕事。
duō 多 形 多い。
rèqíng 热情 形 親切な。心がこもっている。
shǒubiǎo 手表 名 腕時計。
zhǔn 准 形 確かな。正しい。正確な。
jīntiān 今天 名 今日。
Hànyǔ 汉语 形 中国語。漢語 (漢民族の言語)。
fāyīn 发音 名 発音。
nán 难 形 難しい。
lěng 冷 形 寒い。
yuǎn 远 形 遠い。
jìn 近 形 近い。
cháng 长 形 長い。
duǎn 短 形 短い。
dà 大 形 大きい。
xiǎo 小 形 小さい。
nuǎnhuo 暖和 形 暖かい。
liángkuai 凉快 形 涼しい。

練習

bàba 爸爸 名 お父さん。パパ。
gānjìng 干净 副 清潔である。きれいである。
piányi 便宜 形 安い。安価だ。

第3課

Nǐ qù Zhōngguó ma?
你去中国吗?

学習ポイント ①動詞述語文「主語＋動詞＋目的語」
②所有を表す動詞“有”を使った表現

会話 125

Nǐ qù Zhōngguó ma?
A：你 去 中国 吗?

Wǒ qù Zhōngguó.
B：我 去 中国。

....

Tāmen yě qù Zhōngguó ma?
A：她们 也 去 中国 吗?

Tāmen yě dōu qù Zhōngguó.
B：她们 也 都 去 中国。

....

Tāmen lái bu lái Dōngjīng?
A：他们 来 不 来 东京?

Tāmen dōu lái Dōngjīng.
B：他们 都 来 东京。

....

Nǐ yǒu shíjiān ma?
A：你 有 时间 吗?

Duìbuqǐ, wǒ méiyǒu shíjiān.
B：对不起，我 没有 时间。

簡体字と繁体字

东（東）时（時）间（間）对（對）起（起）

文法

1　動詞述語文

述語が動詞によって構成され、主体（人・事物）の行為、動作を記述する文を動詞述語文という。

（1）肯定形と否定形　126

主語	述語		
	副詞	動詞	目的語
Wǒ / Nǐ 我 / 你	*	lái. 来。	*
Nǐ / Nǐmen 你 / 你们	*	qù 去	Tái běi. 台北。
Tā / Tāmen 他 / 他们	bù 不	chī 吃	fàn. 饭。
Wáng lǎoshī 王 老师	bù 不	hē 喝	jiǔ. 酒。

（2）疑問形

①"吗"疑問文　127

主語	述語		
	動詞	目的語	疑問助詞
Nǐ 你	qù 去	*	ma? 吗？
Tā 他	lái 来	Jīngdū 京都	ma? 吗？
Nǐmen 你们	chī 吃	mǐfàn 米饭	ma? 吗？
Tāmen 她们	hē 喝	kāfēi 咖啡	ma? 吗？

②反復疑問文　128

主語	述語		
	肯定形	否定形	目的語
Nǐ 你	lái 来	bu lái? 不 来？	*
Tā 他	qù 去	bu qù? 不 去？	*
Nǐmen 你们	kàn 看	bu kàn 不 看	diànyǐng? 电影？
Tāmen 她们	hē 喝	bu hē 不 喝	hóngchá? 红茶？

2 所有を表す動詞“有”(yǒu)

（1）肯定形と否定形 129

主語	述語		
	否定詞	動詞	目的語
Wǒ 我	(méi) （没）	yǒu 有	cídiǎn. 词典。
Tā 他	(méi) （没）	yǒu 有	shǒujī. 手机。
Tāmen 他们	(méi) （没）	yǒu 有	dǎyìnjī. 打印机。

（2）疑問形

①“吗”疑問文 130

主語	述語		
	動詞	目的語	疑問助詞
Nǐ 你	yǒu 有	wēixìn 微信	ma? 吗？
Tā 他	yǒu 有	kòngr 空儿	ma? 吗？
Nǐmen 你们	yǒu 有	Hànyǔ cídiǎn 汉语 词典	ma? 吗？

②反復疑問文 131

主語	述語		
	肯定形	否定形	目的語
Nǐ 你	yǒu 有	méiyǒu 没有	zhàoxiàngjī? 照相机？
Tā 她	yǒu 有	méiyǒu 没有	xiōngdì jiěmèi? 兄弟 姐妹？
Nǐmen 你们	yǒu 有	méiyǒu 没有	hùzhào? 护照？

練習 3

I 音声を聴いて漢字（簡体字）で書きとりましょう。 132

1 （北京：Běijīng 北京）（上海：Shànghǎi 上海）

2

3

4

5

6

II 日本語を中国語に訳しましょう。

1 私はコーヒーを飲み、彼は紅茶を飲みます。

2 あなたたちもみんな北京に行きますか。

3 私たちはみんなプリンターを持っています。

4 彼は行き、私は行きません。

5 私たちはみんな中国語の辞書を持っていません。

6 彼らはみんな映画を見ません。

新出単語

会話

qù 去 [動] 行く。

lái 来 [動] 来る。

Dōngjīng 东京 [名] 東京。

yǒu 有 [動] ある。持っている。

shíjiān 时间 [名] 時間。時刻。

duìbuqǐ 对不起 すみません。申し訳ありません。

méiyǒu 没有 [動] 持っていない。ない。

文法

Táiběi 台北 [名] 台北。

chī 吃 [動] 食べる。

fàn 饭 [名] 食事。ご飯。

Wáng 王 [名]〈姓〉王。(中国人の姓)。

hē 喝 [動] 飲む。

jiǔ 酒 [名] お酒。

mǐfàn 米饭 [名] ご飯。

kāfēi 咖啡 [名] コーヒー。

kàn 看 [動] 見る。

diànyǐng 电影 [名] 映画。

hóngchá 红茶 [名] 紅茶。

shǒujī 手机 [名] 携帯電話。

dǎyìnjī 打印机 [名] プリンター。

wēixìn 微信 [名] ウィーチャット。(メッセンジャーアプリ)

kòngr 空儿 [名] 暇。

péngyou 朋友 [名] 友達。友人。

zhàoxiàngjī 照相机 [名] カメラ。

xiōngdì jiěmèi 兄弟姐妹 [名] 兄弟姉妹。

hùzhào 护照 [名] パスポート。

練習

Běijīng 北京 [名] 北京。中国の首都。

Shànghǎi 上海 [名] 上海。

第 4 課　Jīntiān xīngqījǐ? 今天 星期几？

学习ポイント　①時間、年月日、曜日に関する表現
②年齢に関する表現

会話　133

A：Jīntiān xīngqījǐ?
今天 星期几？

B：Jīntiān xīngqīsān.
今天 星期三。

A：Nǐ xīngqījǐ xiūxi?
你 星期几 休息？

B：Wǒ xīngqītiān hé xīngqīliù xiūxi.
我 星期天 和 星期六 休息。

……………………………

A：Nǐ de shēngrì jǐ yuè jǐ hào?
你 的 生日 几 月 几 号？

B：Wǒ de shēngrì qī yuè qī hào.
我 的 生日 七 月 七 号。

A：Nǐ jīnnián duō dà?
你 今年 多 大？

B：Wǒ jīnnián shíjiǔ suì.
我 今年 十九 岁。

簡体字と繁体字

今（今）天（天）几（幾）号（號）岁（歲）

1 時間名詞

134

qiántiān 前天	zuótiān 昨天	jīntiān 今天	míngtiān 明天	hòutiān 后天
qiánnián 前年	qùnián 去年	jīnnián 今年	míngnián 明年	hòunián 后年

shàng ge xīngqī 上个星期	zhè ge xīngqī 这个星期	xià ge xīngqī 下个星期
shàng ge yuè 上个月	zhè ge yuè 这个月	xià ge yuè 下个月

2 年（西暦）の表し方と尋ね方

135

yī jiǔ sì jiǔ nián 一九四九年	yī jiǔ jiǔ qī nián 一九九七年	èr líng líng liù nián 二〇〇六年	èr líng èr wǔ nián 二〇二五年

Jīnnián (shì) gōngyuán duōshao nián?
今年（是） 公元 多少 年？

Jīnnián (shì) gōngyuán èr líng èr liù nián.
—今年（是） 公元 二〇二六年。

3 月・日の表し方と尋ね方

136

月	yī yuè 一月	èr yuè 二月	sān yuè 三月	sì yuè 四月				
	wǔ yuè 五月	liù yuè 六月	qī yuè 七月	bā yuè 八月				
	jiǔ yuè 九月	shí yuè 十月	shíyī yuè 十一月	shí'èr yuè 十二月				
日	yī hào 一号	èr hào 二号	sān hào 三号	sì hào 四号	wǔ hào 五号	liù hào 六号	qī hào 七号	bā hào 八号
	jiǔ hào 九号	shí hào 十号	shíyī hào 十一号	…… ……	èrshí hào 二十号	èrshiyī hào 二十一号		
	èrshi'èr hào 二十二号	èrshisān hào 二十三号	…… ……	sānshí hào 三十号	sānshiyī hào 三十一号			

Míngtiān jǐ yuè jǐ hào? Míngtiān bā yuè shíwǔ hào.
明天 几 月 几 号？ —明天 八 月 十五 号。

4 曜日の表し方と尋ね方

日曜日	xīngqītiān (xīngqī rì) 星期天（星期日）	lǐbàitiān (lǐbàirì) 礼拜天（礼拜日）
月曜日	xīngqīyī 星期一	lǐbàiyī 礼拜一
火曜日	xīngqī'èr 星期二	lǐbài'èr 礼拜二
水曜日	xīngqīsān 星期三	lǐbàisān 礼拜三
木曜日	xīngqīsì 星期四	lǐbàisì 礼拜四
金曜日	xīngqīwǔ 星期五	lǐbàiwǔ 礼拜五
土曜日	xīngqīliù 星期六	lǐbàiliù 礼拜六

137（縦読み）

Zuótiān xīngqījǐ?
昨天 星期几？

Zuótiān xīngqīsì.
—昨天 星期四。

Jīntiān xīngqījǐ?
今天 星期几？

Jīntiān xīngqī'èr.
—今天 星期二。

5 年齢の尋ね方

138（縦読み）

Nǐ jǐ suì?
你 几 岁？……10歳くらいまでの子供に

Nín duō dà suìshu?
您 多 大 岁数？……目上の人に

Nǐ duō dà?
你 多 大？……若者、同輩に

Nín gāoshòu?
您 高寿？ ……70過ぎのお年寄りに

6 名詞述語文

年月日、時間、年齢、本籍などを示す場合は、ふつう“是”を用いない。否定は“不是”を用いる。

 139

主語	述語
Jīnnián 今年	(shì) èr líng èr wǔ nián. （是）二〇二五 年。
Jīntiān 今天	bú shì bā yuè shíwǔ hào. 不 是 八月十五号。
Zuótiān 昨天	(shì) xīngqīsān. （是）星期三。
Míngnián 明年	bú shì èr líng èr liù nián. 不 是 二〇二六 年。
Tā 她	(shì) Běijīngrén. （是）北京人。
Tā 她	búshì Běijīngrén. 不是 北京人。

主語	述語
Míngnián 明年	shì èr líng èr liù nián ma? 是 二〇二六 年 吗？
Jīntiān 今天	shì bu shì xīngqīwǔ? 是 不 是 星期五？
Míngtiān 明天	(shì) jǐ yuè jǐ hào? （是）几月几号？

練習 4

I 音声を聴いて漢字（簡体字）で書きとりましょう。 140

❶ ……

❷ ……

❸ ……

❹ ……

❺ ……

❻ ……

II 日本語を中国語に訳しましょう。

❶ 明日は金曜日です。

……

❷ あさっては何曜日ですか。

……

❸ 来週の金曜日はクリスマスです。（クリスマス：圣诞节 Shèngdànjié）

……

❹ 今日は2025年８月１日です。

……

❺ 明日は火曜日ではありません。水曜日です。

……

❻ 彼は北京の出身ではありません。（北京（出身）の人：北京人 Běijīngrén）

……

新出単語

会話

xīngqījǐ 星期几　何曜日。

xīngqīsān 星期三 名 水曜日。

xiūxi 休息 動 休む。休憩する。

xīngqītiān 星期天 名 日曜日。

hé 和 接 ～と～。

xīngqīliù 星期六 名 土曜日。

shēngrì 生日 名 誕生日。

jǐ yuè 几月　何月。

jǐ hào 几号　何日。

jīnnián 今年 名 今年。

duō dà 多大　何歳。

suì 岁 助数 …歳。

文法

qiántiān 前天 名 一昨日。おととい。

zuótiān 昨天 名 昨日。きのう。

míngtiān 明天 名 明日。あした。

hòutiān 后天 名 明後日。あさって。

qiánnián 前年 名 一昨年。おととし。

qùnián 去年 名 去年。昨年。

jīnnián 今年 名 今年。

míngnián 明年 名 来年。

hòunián 后年 名 再来年。

shàng ge xīngqī 上个星期 名 先週。

zhè ge xīngqī 这个星期 名 今週。

xià ge xīngqī 下个星期 名 来週。

shàng ge yuè 上个月 名 先月。

zhè ge yuè 这个月 名 今月。

xià ge yuè 下个月 名 来月。

gōngyuán 公元 名 西暦紀元。西暦。

xīngqīrì 星期日 名 日曜日。

xīngqīyī 星期一 名 月曜日。

xīngqī'èr 星期二 名 火曜日。

xīngqīsì 星期四 名 木曜日。

xīngqīwǔ 星期五 名 金曜日。

lǐbàitiān 礼拜天 名 日曜日。

lǐbàirì 礼拜日 名 日曜日。

lǐbàiyī 礼拜一 名 月曜日。

lǐbài'èr 礼拜二 名 火曜日。

lǐbàisān 礼拜三 名 水曜日。

lǐbàisì 礼拜四 名 木曜日。

lǐbàiwǔ 礼拜五 名 金曜日。

lǐbàiliù 礼拜六 名 土曜日。

jǐ suì 几岁　いくつ？

suìshu 岁数 名 年齢。年。

gāoshòu 高寿 名 お年（老人に年齢を問うときに用いる）。

練習

Shèngdànjié 圣诞节 名 クリスマス。降誕祭。

Běijīngrén 北京人 名 北京（出身）の人。

第5課 Tā de Rìyǔ zěnmeyàng? 她的日语怎么样？

学習ポイント さまざまな疑問詞を用いた表現
"什么"、"哪"、"怎么"、"怎么样"「なに・なんの、どれ、どのように・なぜ、どうですか」

会話 141

Nǐmen shì nǎ guó rén?
A：你们 是 哪 国 人？

Wǒmen dōu shì Měiguórén, láizì Niǔyuē.
B：我们 都 是 美国人，来自 纽约。

……………………………

Nǐ jīntiān yǒu shénme kè?
A：你 今天 有 什么 课？

Kuàijìxué、Yīngyǔ kè hé Hànyǔ kè.
B：会计学、英语 课 和 汉语 课。

……………………………

Tā de Rìyǔ zěnmeyàng?
A：她 的 日语 怎么样？

Tā de Rìyǔ búcuò.
B：她 的 日语 不错。

……………………………

Zhège Hànzì zěnme niàn?
A：这个 汉字 怎么 念？

Zhège Hànzì niàn "huì", yě niàn "kuài"?
B：这个 汉字 念 "huì（会）"，也 念 "kuài（会）"。

簡体字と繁体字

纽（紐）约（約）么（麼）课（課）样（樣）
会（會）计（計）错（錯）汉（漢）念（念）

1　疑問詞 "什么"（shénme）

（1）「なに」 142

質問	回答
Nà shì shénme? 那 是 什么？	Nà shì wéijīn. 那 是 围巾。
Nǐ chī shénme? 你 吃 什么？	Wǒ chī xiǎolóngbāo. 我 吃 小笼包。

（2）「なんの、どんな」名詞を修飾して事物の性質、人の職業、身分などを問う。 143

質問	回答
Tā kàn shénme shū? 他 看 什么 书？	Tā kàn Zhōngwén shū. 他 看 中文 书。
Jīntiān nǐ yǒu shénme kè? 今天 你 有 什么 课？	Jīntiān wǒ yǒu Hànyǔ kè. 今天 我 有 汉语 课。
Nǐ xǐhuan shénme huār? 你 喜欢 什么 花儿？	Wǒ xǐhuan yīnghuā. 我 喜欢 樱花。

2　疑問詞 "哪"（nǎ）「どれ、どっち、どちら」

144

質問	回答
Nǐ yào nǎge (něige)? 你 要 哪个？	Wǒ yào zhège (zhèige). 我 要 这个。
Nǐ shì nǎ guó rén? 你 是 哪 国 人？	Wǒ shì Rìběnrén. 我 是 日本人。
Nǎge (Něige) shì nǐ de? 哪个 是 你 的？	Zhège (Zhèige) shì wǒ de. 这个 是 我 的。

3 疑問詞“怎么”(zěnme)

（1）「どのように」 145

方法・手段を問う
Zhège (Zhèige) cài zěnme zuò? 这个 菜 怎么 做？
Qù Zhōngyāng gōngyuán zěnme zǒu? 去 中央 公园 怎么 走？

（2）「なぜ；どうして」 146

原因・理由を問う
Nǐ zěnme bù chī fàn? 你 怎么 不 吃 饭？
Jīntiān zěnme zhème rè? 今天 怎么 这么 热？

4 疑問詞“怎么样”(zěnmeyàng) 性質、状況などを問う。「どうですか」

147

質問	回答
Tā de Hànyǔ zěnmeyàng? 她 的 汉语 怎么样？	Tā de Hànyǔ fēicháng hǎo. 她 的 汉语 非常 好。
Qīngdǎo píjiǔ zěnmeyàng? 青岛 啤酒 怎么样？	Qīngdǎo píjiǔ hěn hǎohē. 青岛 啤酒 很 好喝。

練習 5

I　音声を聴いて漢字(簡体字)で書きとりましょう。　148

❶ ……

❷ ……

❸ ……　(マフラー：围巾 wéijīn)

❹ ……

❺ ……

❻ ……　(いぶかる気持ちで問いかけをする時に文末に置く。：呢 ne)

II　日本語を中国語に訳しましょう。

❶ 彼女は私の親友でアメリカから来ました。

❷ あなたはどんな外国語を勉強しますか。(外国語：外语 wàiyǔ)(勉強する：学 xué or 学习 xuéxí)

❸ 天気はどうですか。—天気はあまりよくありません。

❹ 横浜駅にはどうやって行きますか。(横浜駅：横滨站 Héngbīng zhàn)

❺ どれがあなたのシャツですか。(シャツ：衬衫 chènshān)

❻ あなたはなぜ食べないのですか。

新出単語

会話

nǎ guó rén 哪国人　どこの国の人？

Měiguórén 美国人　名 アメリカ人。

láizì 来自　動 …から来る。

Niǔyuē 纽约　名 ニューヨーク。

shénme 什么　疑（名詞の前に置き、疑問を表す）どんな。どういう。

kè 课　名 授業。講義。

kuàijìxué 会计学　名 会計学

Yīngyǔ 英语　名 英語。

zěnmeyàng 怎么样　疑（状況を尋ねる）どうですか。いかがですか。

búcuò 不错　形 よい。優れている。なかなかである。

Hànzì 汉字　名 漢字。

zěnme 怎么　疑 どのように。

niàn 念　動（声を出して）読む。唱える。音読する。

文法

wéijīn 围巾　名 マフラー。スカーフ。

xiǎolóngbāo 小笼包　名 小龍包。ショーロンポー。

huār 花儿　名 花。

yīnghuā 樱花　名 桜。桜の花。

zhège, zhèige 这个　代 この。これ。

cài 菜　名 料理。おかず。

zuò 做　動 作る。する。行う。

Zhōngyāng gōngyuán 中央公园　名 中央公園。

zǒu 走　動 歩く。行く。

Qīngdǎo píjiǔ 青岛啤酒　名 青島ビール。

hǎohē 好喝　形（飲んで）おいしい。

練習

xué 学　xuéxí 学习　動 学ぶ。習う。勉強する。

wàiyǔ 外语　名 外国語。

Héngbīn zhàn 横滨站　横浜駅。

chènshān 衬衫　名 シャツ。ブラウス。

ne 呢　助 いぶかる気持ちで問いかけをする時に文末に置く。（どうして）～なの。

第6課

Nǐ jiā yǒu jǐ kǒu rén?
你家有几口人?

学習ポイント ①数に関する表現（数、助数詞、貨幣の単位）
②場所を表す指示代名詞“这儿”、“那儿”、“哪儿”「ここ、そこ、あそこ、どこ」
③存在を表す動詞“有”を使った表現

会話 149

Nǐ jiā yǒu jǐ kǒu rén?
A：你 家 有 几 口 人?

Wǒ jiā yǒu wǔ kǒu rén.
B：我 家 有 五 口 人。

Dōu yǒu shénme rén?
A：都 有 什么 人?

Fùqin、 mǔqin、 yí ge gēge、 yí ge mèimei hé wǒ.
B：父亲、母亲、一 个 哥哥、一 个 妹妹 和 我。

……………………………

Lǎobǎn, zhèr yǒu méiyǒu zhēnzhū nǎichá?
A：老板，这儿 有 没有 珍珠 奶茶?

Yǒu, nǐ yào jǐ bēi?
B：有，你 要 几 杯?

Wǒ yào liǎng bēi. Yígòng duōshao qián?
A：我 要 两 杯。 一共 多少 钱?

Shí kuài wǔ máo.
B：十 块 五 毛。

簡体字と繁体字

亲（親）个（個）儿（兒）两（兩）钱（錢）块（塊）

文法

1 数詞

150

yī	èr	sān	sì	wǔ	liù	qī	bā	jiǔ	shí
一	二	三	四	五	六	七	八	九	十
shíyī	shí'èr	shísān	shísì	shíwǔ	shíliù	shíqī	shíbā	shíjiǔ	èrshí
十一	十二	十三	十四	十五	十六	十七	十八	十九	二十
èrshiyī	èrshi'èr	èrshisān	èrshisì	èrshiwǔ	èrshiliù	èrshiqī	èrshibā	èrshijiǔ	sānshí
二十一	二十二	二十三	二十四	二十五	二十六	二十七	二十八	二十九	三十……
jiǔshiyī	jiǔshi'èr	jiǔshisān	jiǔshisì	jiǔshiwǔ	jiǔshiliù	jiǔshiqī	jiǔshibā	jiǔshijiǔ	yìbǎi
九十一	九十二	九十三	九十四	九十五	九十六	九十七	九十八	九十九	一百

yìbǎi líng yī　yìbǎi líng èr　yìbǎi líng sān
一百零一　一百零二　一百零三…………

yìbǎiyī (shí)
一百一（十）

yìbǎi yīshiyī　yìbǎi yīshi'èr　yìbǎi yīshisān
一百一十一　一百一十二　一百一十三………

yìbǎi èr (shí)
一百二（十）……

èrbǎi líng yī　èrbǎi líng èr　èrbǎi líng sān
二百零一　二百零二　二百零三…………

èrbǎi yī (shí)
二百一（十）……

★"二十一……九十九"はすべて真ん中の"十（shí）"を軽声（shi）に読む。

2 助数詞

人やモノを数える時に数詞と名詞の間に用いられる。

数詞	助数詞	名詞
yí 一	ge 个	rén　xuésheng　píngguǒ 人，学生，苹果
liǎng 两	běn 本	xiǎoshuō　cídiǎn　kèběn 小说，词典，课本
sān 三	jiàn 件	chènshān　shìqing　xíngli 衬衫，事情，行李
sì 四	tiáo 条	gǒu　kùzi　máojīn 狗，裤子，毛巾
wǔ 五	zhāng 张	zhǐ　bàozhǐ　zhuōzi 纸，报纸，桌子
liù 六	bǎ 把	yǐzi　yàoshi　yǔsǎn 椅子，钥匙，雨伞
qī 七	shuāng 双	xié　wàzi　kuàizi 鞋，袜子，筷子

151

★「一」の声調の変化については、P.18参照。

3 "几"(jǐ)と"多少"(duōshao)

いずれも数量を問うのに用いる。ふつう"几"は10以下の数を予想して尋ねる場合に、"多少"は数の大きさに制限がないので、一体いくつなのか見当がつかない場合に用いる。

152

Nǐ yǒu jǐ ge Zhōngguó péngyou? 你 有 几 个 中国 朋友？	Wǒ yǒu liǎng ge Zhōngguó péngyou. 我 有 两 个 中国 朋友。
Nǐ yào jǐ jiàn Txùshān? 你 要 几 件 T恤衫？	Wǒ yào sān jiàn Txùshān. 我 要 三 件 T恤衫。
Nǐmen xuéxiào yǒu duōshao xuésheng? 你们 学校 有 多少 学生？	Wǒmen xuéxiào yǒu bāqiān duō ge xuésheng. 我们 学校 有 八千 多 个 学生。

4 場所を表す指示代名詞

153（縦読み）

近称		遠称	疑問
zhèr 这儿 zhèli 这里		nàr 那儿 nàli 那里	nǎr 哪儿 nǎli 哪里
ここ	そこ	あそこ・あちら	どこ

＊"哪里"は"náli"と発音する。発音記号は、もとのまま第三声の記号「ˇ」を書く。

5 存在を表す“有”(yǒu)

 154

場所詞		動詞	存在する人・モノ
Zhèr 这儿	(méi) (没)	yǒu 有	biànlìdiàn. 便利店。
Nàli 那里	(méi) (没)	yǒu 有	kāfēitīng. 咖啡厅。
Guǎngzhōu 广州	*	yǒu 有	hěn duō gōngyuán. 很 多 公园。
Wǒmen dàxué 我们 大学	*	yǒu 有	bù shǎo xuésheng. 不 少 学生。
Nàr 那儿	*	yǒu 有	túshūguǎn ma? 图书馆 吗?
Zhèr 这儿	yǒu méi yǒu 有 没 有		xiǎolóngbāo? 小笼包?

★文頭は場所を表す語に限られる。(第3課の所有を表す“有”は文頭に人を表す語が置かれる。)
★国名、地名、公共の建物は、場所詞として用いることができる。
★否定形、疑問形は、第3課の所有を表す“有”と同じである。

6 貨幣の単位

155(縦読み)

書面用語	yuán (yuán) 元 圆	jiǎo 角	fēn 分
口 語	kuài 块	máo 毛	fēn 分

★1块(钱)=10毛=100分
★値段、金額を聞くには、“多少钱?”(Duōshao qián?)を用いる。

Zhège (Zhèige) duōshao qián?
这个 多少 钱?

Zhè (Zhèi) zhǒng wūlóngchá duōshao qián yì jīn?
这 种 乌龙茶 多少 钱 一 斤? ★一斤(yì jīn):500g

yuán 1.25 元	yí kuài liǎng máo wǔ (fēn) 一 块 两 毛 五 (分)
yuán 26.30 元	èrshiliù kuài sān máo 二十六 块 三 毛
yuán 208 元	èrbǎi líng bā kuài 二百 零 八 块

練習 6

I 音声を聴いて漢字（簡体字）で書きとりましょう。 156

❶ ……………………………………

❷ …………………………………… （タオル：毛巾 máojīn）

❸ …………………………………… （紅茶：红茶 hóngchá）

❹ …………………………………… 〈所有〉の“有”については第3課参照。

❺ ……………………………………

❻ ……………………………………

II 日本語を中国語に訳しましょう。

❶ 図書館には日本語の雑誌がたくさんあります。（雑誌：杂志 zázhì）

……………………………………

❷ 私はシャツを2枚、靴下を1足買います。（買う：买 mǎi）

……………………………………

❸ あちらにテレビが3台あります。（テレビ：电视机 diànshìjī）

……………………………………

❹ 私にはアメリカの友達が2人います。

……………………………………

❺ あなたはシャツ（ブラウス）を何枚ほしいですか。

……………………………………

❻ 東京には公園がたくさんあります。

……………………………………

新出単語

会話

jiā 家 名 家。

yǒu 有 動 (存在を表す) ある。いる。(所有を表す) 持っている。

jǐ 几 数 (多く10以下の数を予想して) いくつ。

kǒu 口 助数 家族の人数を数える。

dōu 都 副 (疑問文において) 複数の答えを予想する。

fùqin 父亲 名 父親。お父さん。

mǔqin 母亲 名 母親。お母さん。

yī 一 数 一。

gēge 哥哥 名 兄。

mèimei 妹妹 名 妹。

lǎobǎn 老板 名 商店の経営者。呼びかけに用いる。(lǎobǎnniáng 老板娘 名 商店経営者の奥さん。おかみさん。)

zhèr 这儿 代 ここ。そこ。こちら。

yǒu méiyǒu 有没有? (～は) ありますか。(～を) 持っていますか。

zhēnzhū nǎichá 珍珠奶茶 名 タピオカティー。タピオカミルクティー。

yào 要 動 求める。欲しい。いる。必要だ。

bēi 杯 助数 ～杯。

sān 三 数 三。

yígòng 一共 副 合わせて。全部で。まとめて。合計。

duōshao qián 多少钱 いくらですか。(買い物で値段をたずねる時に使う)。

kuài 块 助数 貨幣の単位。元。

máo 毛 助数 貨幣の単位。元の10分の1。

文法

ge 个 助数 人や事物に用いる。

rén 人 名 人。

píngguǒ 苹果 名 りんご。

běn 本 助数 書籍やノート類を数える。

liǎng 两 数 二。ふつう助数詞の前で用いる。

xiǎoshuō 小说 名 小説。

jiàn 件 助数 事や衣服を数える。

shìqing 事情 名 事。出来事。

xíngli 行李 名 荷物。

tiáo 条 助数 犬、ズボン、ネクタイなどを数える。

gǒu 狗 名 犬。

kùzi 裤子 名 ズボン。

máojīn 毛巾 名 タオル。

zhāng 张 助数 紙、机などを数える。

bàozhǐ 报纸 名 新聞。

zhuōzi 桌子 名 机。テーブル。

yǐzi 椅子 名 椅子。

yàoshi 钥匙 名 鍵。

yǔsǎn 雨伞 名 傘。

shuāng 双 助数 対になっているものを数える。

xié 鞋 名 靴。くつ。シューズ。

wàzi 袜子 名 靴下。

kuàizi 筷子 名 箸。はし。

Txùshān T恤衫 名 Tシャツ。

duōshao 多少 代 (数量が) どのくらい。

qiān 千 数 千。

duō 多 数 ～あまり。

nàr 那儿 代 そこ。あそこ。あちら。

nǎr 哪儿 代 どこ。

zhèli 这里 代 ここ。こちら。

nàli 那里 代 そこ。あそこ。そちら。

nǎli 哪里 代 どこ。

biànlìdiàn 便利店 名 コンビニ。

kāfēitīng 咖啡厅 名 カフェ。

Guǎngzhōu 广州 名 広州。

gōngyuán 公园 名 公園。

dàxué 大学 名 大学。

yuán 元 助数 貨幣の単位。（書き言葉）

jiǎo 角 助数 貨幣の単位。（元の10分の１）

fēn 分 助数 貨幣の単位。（元の100分の１）

zhǒng 种 助数 種類を数える。

wūlóngchá 乌龙茶 名 ウーロン茶。

jīn 斤 助数 重さの単位。１斤は500ｇ。

練習

Yīngwén 英文 名 英語。英文。

zázhì 杂志 名 雑誌。

mǎi 买 動 買う。購入する。

diànshìjī 电视机 名 テレビ。

第7課

Yínháng zài nǎr?
银行 在 哪儿？

学習ポイント ①方位詞について
②存在を表す動詞"在"を使った表現

会話 157

Yínháng zài nǎr?
A：银行 在 哪儿？
Zài chāoshì pángbiānr.
B：在 超市 旁边儿。

…………………………

Túshūguǎn zài yóujú hòubianr ma?
A：图书馆 在 邮局 后边儿 吗？
Túshūguǎn bú zài yóujú hòubianr, zài bàngōnglóu duìmiàn.
B：图书馆 不 在 邮局 后边儿，在 办公楼 对面。

…………………………

Nǐ de qiánbāo ne?
A：你 的 钱包 呢？
Zài shūbāo li.
B：在 书包 里。

…………………………

Xiǎo wáng zài nǎr?
A：小 王 在 哪儿？
Tā zài jiàoshì li.
B：她 在 教室 里。

簡体字と繁体字

请（請）问（問）银（銀）边（邊）楼（樓）图（圖）书（書）
馆（館）邮（郵）后（後）办（辦）对（對）钱（錢）里（裡）

1 方位詞

方向、方角、位置を表す語を方位詞と言う。 158

	単音節方位詞	二音節方位詞		
		～面（～ miàn）	～边儿（～ bianr）	～头（～ tou）
まえ	qián 前	qiánmiàn 前面	qiánbianr 前边儿	qiántou 前头
うしろ	hòu 后	hòumiàn 后面	hòubianr 后边儿	hòutou 后头
うえ	shàng 上	shàngmiàn 上面	shàngbianr 上边儿	shàngtou 上头
した	xià 下	xiàmiàn 下面	xiàbianr 下边儿	xiàtou 下头
なか	lǐ 里	lǐmiàn 里面	lǐbianr 里边儿	lǐtou 里头
そと	wài 外	wàimiàn 外面	wàibianr 外边儿	wàitou 外头
ひだり	zuǒ 左	zuǒmiàn 左面	zuǒbianr 左边儿	
みぎ	yòu 右	yòumiàn 右面	yòubianr 右边儿	
ひがし	dōng 东	dōngmiàn 东面	dōngbianr 东边儿	
みなみ	nán 南	nánmiàn 南面	nánbianr 南边儿	
にし	xī 西	xīmiàn 西面	xībianr 西边儿	
きた	běi 北	běimiàn 北面	běibianr 北边儿	
そば	páng 旁		pángbiānr 旁边儿	
むかい		duìmiàn 对面		

★単音節方位詞は単独で用いることができない。
★二音節方位詞は単独で主語、目的語として用いることができる。
★"旁边儿"の"边"は第一声で発音される。

159
hēibǎn shang　zhuōzi shang　xuéxiào li　wūzi li　shūbāo li
黑板 上　桌子 上　学校 里　屋子 里　书包 里

Lǐmiàn yǒu shénme dōngxi?
里面 有 什么 东西？

Yòubianr shì yínháng, zuǒbianr shì biànlìdiàn.
右边儿 是 银行, 左边儿 是 便利店。

yóujú pángbiānr　xuéxiào nánbianr　chēzhàn duìmiàn
邮局 旁边儿　学校 南边儿　车站 对面

★"里""上"などは「物」を表す名詞の後につけ、「場所」であることを明確にする働きがある。また、"学校"、"图书馆"、"教室"、"食堂"、"办公室"などは"里"がなくても場所であることを表すことができる。

★それぞれの場所の位置を中国語で言ってみましょう。

例（存在を表す動詞"在"を使って）

Xuéxiào zài nǎr?
学校 在 哪儿?

Xuéxiào zài biànlìdiàn de duìmiàn.
学校 在 便利店 的 对面。

Yínháng zài nǎr?
银行 在 哪儿?

Yínháng zài gōngyuán de zuǒbian (r)
银行 在 公园 的 左边(儿)。

例（存在を表す動詞"有"を使って）※第6課参照

Kāfēitīng de zuǒbian (r) yǒu shénme?
咖啡厅 的 左边(儿) 有 什么?

Kāfēitīng de zuǒbian (r) yǒu xuéxiào.
咖啡厅 的 左边(儿) 有 学校。

Chēzhàn de fùjìn yǒu shénme?
车站 的 附近 有 什么?

Chēzhàn de fùjìn yǒu gōngyuán.
车站 的 附近 有 公园。

2 存在を表す動詞“在”(zài)「～は…にある／いる」

（1）肯定形と否定形 160

主語	述語		
	否定詞	動詞	目的語
Tā de diànnǎo 他 的 电脑	*	zài 在	zhuōzi shang. 桌子 上。
Xiǎo Sūn 小 孙	*	zài 在	bàngōngshì li. 办公室 里。
Wáng lǎoshī 王 老师	bú 不	zài 在	jiàoshì li. 教室 里。
Biànlìdiàn 便利店	bú 不	zài 在	chēzhàn lǐbianr. 车站 里边儿。

（2）“吗”疑問文と反復疑問文 161

主語	述語
Tā de shǒujī 她 的 手机	zài zhèr ma? 在 这儿 吗？
Tāmen 他们	zài jiàoshì li ma? 在 教室 里 吗？
Tā 他	zài bu zài jiā? 在 不 在 家？

練習 7

I 音声を聴いて漢字（簡体字）で書きとりましょう。 162

❶ ……………………………… （張：张 Zhāng）

❷ ………………………………

❸ ………………………………

❹ ……………………………… （食堂：食堂 shítáng）（多い：多 duō）

❺ ………………………………

❻ ………………………………

II 日本語を中国語に訳しましょう。

❶ 王さんの右側はどなたですか。

………………………………

❷ 孫さんの財布はここにあります。

………………………………

❸ 彼らはみんな木の下にいます。（木の下：树下 shùxià）

………………………………

❹ 銀行は駅のそばにあります。

………………………………

❺ 君たちの学校はどこにありますか。

………………………………

❻ 田中さんの家は私の家の後ろ側にあります。
（田中さんの家：田中家 Tiánzhōng jiā）（後ろ側：后面 hòumiàn）

………………………………

新出単語

会話

qǐngwèn 请问 動 おたずねします。
yínháng 银行 名 銀行。バンク。
zài 在 動（〜に）ある、いる。存在する。
chāoshì 超市 名 スーパーマーケット。
pángbiānr 旁边儿 名 わき。近く。そば。
yóujú 邮局 名 郵便局。
hòubianr 后边儿 名 後ろ。
bàngōnglóu 办公楼 名 オフィスビル。事務所の入ったビル。
duìmiàn 对面 名 向かい。向かい側。
qiánbāo 钱包 名 財布。
li 里 名 なか。内。

文法

hēibǎn 黑板 名 黒板。
shang 上 名 名詞の後ろに置き、場所であることを明確にする。
wūzi 屋子 名 部屋。
lǐmiàn 里面 名 なか。内側。
dōngxi 东西 名 物。品物。
yòubianr 右边儿 名 右。右側。
zuǒbianr 左边儿 名 左。左側。
yóujú 邮局 名 郵便局
nánbianr 南边儿 名 南。南側。
chēzhàn 车站 名 駅。停留所。
Xiǎo Sūn 小孙 孫さん。（“小”は自分より年下の人に親しみを込める。孫は中国人の姓。）
bàngōngshì 办公室 名 事務室。
lǐbianr 里边儿 名 なか。内側。
jiàoshì 教室 名 教室。
yǎnjing 眼睛 名 目。
gāoxìng 高兴 形 うれしい。うれしがる。愉快になる。楽しい。
de 地 助 単語あるいは連語の後ろに置いて、連用修飾語であることを示す。
guò xīnnián 过新年 新年を迎える。

練習

Zhāng 张 名 張（中国人の姓）。
shítáng 食堂 名 食堂。
shùxià 树下 木の下。
Tiánzhōng jiā 田中家 田中さんの家。
hòumiàn 后面 名 うしろ。うしろ側。

第8課　Nǐ míngtiān jǐ diǎn shàngkè?
你明天几点上课?

学习ポイント　①時間に関する表現（時刻、時間の長さ、時間量）
②連動式の文
③離合詞（動詞＋目的語構造の動詞）について

会話　163

Nǐ měitiān shuì jǐ ge xiǎoshí?
A：你 每天 睡 几 个 小时?

Wǒ měitiān shuì bā ge xiǎoshí.
B：我 每天 睡 八 个 小时。

Nǐ míngtiān jǐ diǎn shàngkè, jǐ diǎn xiàkè?
A：你 明天 几 点 上课，几 点 下课?

Wǒ míngtiān jiǔ diǎn shàngkè, sì diǎn xiàkè.
B：我 明天 九 点 上课，四 点 下课。

Nǐ jīntiān xiàkè hòu, qù dǎgōng ma?
A：你 今天 下课 后，去 打工 吗?

Wǒ jīntiān wǎngshang qī diǎn qù dǎgōng.
B：我 今天 晚上 七 点 去 打工。

Nǐ yìtiān dǎ jǐ ge xiǎoshí gōng?
A：你 一天 打 几 个 小时 工?

Wǒ yìtiān dǎ sān ge xiǎoshí gōng.
B：我 一天 打 三 个 小时 工。

簡体字と繁体字

点（點）课（課）晚（晚）

文法

1 時刻を表すことば

164

1：00	yì diǎn (zhōng) 一 点 （钟）
2：02	liǎng diǎn líng èr fēn 两 点 零 二 分
3：15	sān diǎn shíwǔ fēn 三 点 十五 分
	sān diǎn yí kè 三 点 一 刻
4：30	sì diǎn bàn 四 点 半
	sì diǎn sānshí fēn 四 点 三十 分
6：45	liù diǎn sìshiwǔ fēn 六 点 四十五 分
	liù diǎn sān kè 六 点 三 刻
7：55	chà wǔ fēn bā diǎn 差 五 分 八 点
	qī diǎn wǔshiwǔ fēn 七 点 五十五 分

2 時間の長さの言い方

165

～年間	yì nián 一 年	liǎng nián 两 年	sān nián 三 年
～日間	yì tiān 一 天	liǎng tiān 两 天	sān tiān 三 天
～ヵ月間	yí ge yuè 一 个 月	liǎng ge yuè 两 个 月	sān ge yuè 三 个 月
～週間	yí ge xīngqī 一 个 星期	liǎng ge xīngqī 两 个 星期	
～時間	yí ge xiǎoshí 一 个 小时	liǎng ge xiǎoshí 两 个 小时	shí ge xiǎoshí 十 个 小时
～分間	yì fēnzhōng 一 分钟	liǎng fēnzhōng 两 分钟	shí fēnzhōng 十 分钟

3 時刻の尋ね方

Xiànzài jǐ diǎn (zhōng) 现在 几 点（钟）?	Xiànzài (shàngwǔ) bā diǎn yí kè. 现在（上午）八 点 一 刻。 Xiànzài (xiàwǔ) sì diǎn bàn. 现在（下午）四 点 半。

166

4 時間詞の用法

年月日、時刻、曜日などを表す単語はふつう動詞より前に置く。
文頭に置くと強調の意味合いを持つ。 167

主語	時間詞 （年月日・時刻・曜日）	動詞（句）
Wǒmen 我们	míngtiān 明天	yǒu kè. 有 课。
Nǐ 你	xià ge xīngqī 下 个 星期	yǒu kòngr ma? 有 空儿 吗？
Wǒ 我	xià ge yuè 下 个 月	qù Měiguó. 去 美国。
Wǒ 我	bā diǎn wǔshí 八 点 五十	kāishǐ shàng kè. 开始 上 课。

5 連動式の文

1つの主語について、2つ以上の動詞または動詞句を並べ、目的・方法などを表す。
（1）目的を表す。

主語	動詞	動詞（句）
Tā 他	qù 去	lǚxíng. 旅行。
Tāmen 他们	qù 去	mǎi dōngxi. 买 东西。

168

（2）方法・手段を表す。

主語	動詞	動詞（句）
Wǒmen 我们	zuò fēijī 坐 飞机	qù Bālí. 去 巴黎。
Wǒmen 我们	ná kuàizi 拿 筷子	chī fàn. 吃 饭。

169

6　時間量を表す補語

170 （1）動作、行為の継続時間を表す言葉、つまり時間量は補語なので動詞の後ろに置く。

主語	時間詞	動詞	補語〈時間量（動作、状態の持続時間）〉
Wǒmen 我们	měi ge xīngqī 每 个 星期	xiūxi 休息	liǎng tiān. 两 天。
Tā 她	měitiān 每天	xuéxí 学习	liǎng ge xiǎoshí. 两 个 小时。

171 （2）時間量を表す時間詞は動詞の前に置いて、動作、行為の発生時点や期間を表すことができる。

Wǒ yí ge xīngqī gōngzuò sìtiān.
我 一 个 星期 工作 四天。（私は１週間に４日働きます。）

Tā yìtiān xuéxí liǎng ge xiǎoshí Hànyǔ.
他 一天 学习 两 个 小时 汉语。（彼は１日に２時間中国語を勉強します。）

7　離合詞　二音節からなる動詞で、その動詞そのものが「動詞＋目的語」を構成するもの。

dǎ / gōng dǎ sān ge xiǎoshí gōng.
172 打／工➡打 三 个 小时 工。

shàng / kè shàng liǎng jié kè.
上／课➡上 两 节 课。

shuì / jiào shuì liù ge xiǎoshí jiào.
睡／觉➡睡 六 个 小时 觉。

xǐ / zǎo xǐ liǎng cì zǎo.
洗／澡➡洗 两 次 澡。

練習 8

I 音声を聴いて漢字（簡体字）で書きとりましょう。 173

❶ ……………………

❷ …………………… （授業のコマ数など区切りのあるものに用いる：节 jié）

❸ ……………………

❹ ……………………

❺ ……………………

❻ ……………………

II 日本語を中国語に訳しましょう。

❶ 私たちは午後２時半に授業が始まります。（授業が始まる：开始 上课 kāishǐ shàngkè）

……………………

❷ デパートは毎日午前10時に開店します。（デパート：百货店 bǎihuòdiàn）

……………………

❸ 私は木曜日４時に授業が終わります。

……………………

❹ あなたは毎日何時に寝ますか。

……………………

❺ 彼女は毎日１時間トレーニングをします。（トレーニングをする：锻炼 duànliàn）

……………………

❻ 田中さんは毎日何時間寝ますか。

……………………

新出単語

会話

měitiān 每天 名 毎日。
shuì 睡 動 眠る。寝る。
xiǎoshí 小时 名（時を数える単位）時間。
jǐ diǎn 几点 何時。
shàng / kè 上课 動 授業をする。授業を受ける。授業に出る。
xià / kè 下课 動 授業が終わる。
dǎ / gōng 打工 動 アルバイトをする。
hòu 后 名 ～後。～してから。
wǎnshang 晚上 名 夜。晩。
yì tiān 一天 1日。
※「/」は離合詞を表す。

文法

diǎn 点 助数（時間の単位）時。
zhōng 钟 名 時間。時刻。
líng 零 数 零。ゼロ。
fēn 分 助数（時間の単位）分。
yí kè 一刻 名 15分。
bàn 半 名 半。
sān kè 三刻 名 45分。
chà 差 動 足りない。欠ける。
nián 年 名 年。
tiān 天 名 日数を数えるときに用いる。
... ge yuè ...个月 …カ月。
zuò 坐 動 座る。（乗り物に）乗る。
fēijī 飞机 名 飛行機。
ná 拿 動 持つ。つかむ。取る。
Bālí 巴黎 名 パリ。
... ge xīngqī ...个星期 …週間。
... ge xiǎoshí ...个小时 …時間。
... fēn zhōng ...分钟 …分間。
xiànzài 现在 名 現在。いま。
shàngwǔ 上午 名 午前。
xiàwǔ 下午 名 午後。
kāishǐ 开始 動 開始する。始まる。
liǎng tiān 两天 2日間。
liǎng ge xiǎo shí 两个小时 2時間。
shuì / jiào 睡觉 動 眠る。寝る。
xǐ / zǎo 洗澡 動 入浴する。風呂に入る。

練習

jié 节 助数 授業のコマ数など区切りのあるものに用いる。
kāishǐ shàngkè 开始上课 授業が始まる。
bǎihuòdiàn 百货店 名 デパート。
duànliàn 锻炼 動（身体や精神を）鍛える。トレーニングをする。

第 9 課

Qǐngwèn, huǒchēzhàn zěnme zǒu?
请问，火车站 怎么 走？

学習ポイント ①さまざまな前置詞を用いた表現
"从"、"往 / 到"、"离"、"跟 / 和"、"在"
「～から、～に向かって／～へ、～から／～まで、～と、～で」
②助動詞（1）"想"「～がしたい」

会話 174

Qǐngwèn, cóng zhèr qù huǒchēzhàn zěnme zǒu?
A：请问，从 这儿 去 火车站 怎么 走？

Yìzhí wǎng qián zǒu, dàole shízì lùkǒu wǎng yòu guǎi jiùshì.
B：一直 往 前 走，到了 十字 路口 往 右 拐 就是。

Lí zhèr yuǎn bu yuǎn?
A：离 这儿 远 不 远？

Bú tài yuǎn, zǒu shí fēnzhōng jiù dào.
B：不 太 远，走 十 分钟 就 到。

……………………………

Míngtiān wǒ xiǎng gēn nǐ yìqǐ qù kàn diànyǐng, hǎo ma?
A：明天 我 想 跟 你 一起 去 看 电影，好 吗？

Hǎo a! Nàme, wǒmen jǐ diǎn jiànmiàn?
B：好 啊！那么，我们 几 点 见面？

Wǔ diǎn bàn zài xuéxiào ménkǒu jiàn.
A：五 点 半 在 学校 门口 见。

Hǎo de. Bú jiàn bú sàn.
B：好 的。不 见 不 散。

簡体字と繁体字

请（請）从（從）车（車）直（直）离（離）远（遠）
钟（鐘）电（電）见（見）门（門）

文法

1 前置詞“从”(cóng)[〜から]

空間、時間の起点を表す。

🎧175

主語	前置詞	時間詞・場所詞	動詞(V)
Tā 他	cóng 从	Dàbǎn 大阪	lái. 来。
Diànyǐng 电影	cóng 从	jiǔ diǎn 九点	kāishǐ. 开始。
Wǒmen 我们	cóng 从	zhèr 这儿	zǒu ma? 走 吗?
Tā 她	cóng 从	nǎr 哪儿	lái? 来?
Nǐmen 你们	cóng 从	jǐ hào 几号	kāishǐ kǎoshì? 开始考试?
Wǒ 我	cóng shàngwǔ jiǔ diǎn dào xiàwǔ wǔ diǎn 从 上午 九点 到 下午 五点		gōngzuò. 工作。

★从〜到〜 〜から〜まで

2 前置詞“往”(wǎng)“到”(dào)

[〜に向かって、〜へ] 動作の向かう方向を表す。

🎧176

主語	前置詞	場所詞	動詞	疑問助詞
Zhè fēng xìn 这 封 信	wǎng 往	Měiguó 美国	jì 寄	(ma?) (吗?)
Nǐ 你	dào 到	túshūguǎn 图书馆	qù 去	ma? 吗?

3 前置詞 “离”（lí）

177

主語	前置詞	目的語	述語
Wǒ jiā 我 家	lí 离	dàxué 大学	hěn jìn. 很 近。
Zhōngshān gōngyuán 中山 公园	lí 离	chēzhàn 车站	yǒu liǎng gōnglǐ. 有 两 公里。
*	Lí 离	dàkǎo 大考	hái yǒu shí tiān. 还 有 十 天。
Nǐ jiā 你 家	lí 离	yínháng 银行	yuǎn ma? 远 吗？
Yínháng 银行	lí 离	zhèr 这儿	yuǎn bu yuǎn? 远 不 远？
(Xiànzài) （现在）	lí 离	shǔjià 暑假	hái yǒu jǐ tiān? 还 有 几 天？

4 前置詞 “跟”（gēn）／“和”（hé）［～と］

178

主語	前置詞	目的語		
Tā 他	gēn 跟	nǐ 你	yìqǐ 一起	wánr ma? 玩儿 吗？
Nǐmen 你们	gēn 跟	tāmen 他们	yìqǐ 一起	qù Chōngshéng ma? 去 冲绳 吗？
Tā 他	hé 和	wǒ 我		shāngliang (ma?) 商量（吗？）
Tā 他	hé 和	nǐ 你		jiànmiàn (ma?) 见面（吗？）

5 前置詞 “在”（zài）［～で］ 動作、行為の行われる場所を表す。

179

主語	述語				
	前置詞	場所詞	動詞（V）	目的語（O）	語気助詞
Tā 他	zài 在	hēibǎn shang 黑板 上	xiě 写	zì. 字。	*
Xiǎo Chén 小 陈	zài 在	gōngyuán li 公园 里	wánr 玩儿	*	ma? 吗？
Wǒmen 我们	zài 在	nǎr 哪儿	chī 吃	fàn? 饭？	*
Tāmen 他们	zài 在	cāochǎng shang 操场 上	zuò 做	shénme? 什么？	*

6　助動詞"想"(xiǎng)

動詞の前におき「…したい」「…したいと思う」と願望を表す。

（1）肯定形　180

主語	副詞	助動詞	述語
Wǒ 我	(fēicháng) （非常）	xiǎng 想	qù Ōuzhōu lǚxíng. 去 欧洲 旅行。
Tā 他	(hěn) （很）	xiǎng 想	mǎi dōngxi. 买 东西。

（2）否定形　181

主語	否定詞	助動詞	述語
Wǒ 我	bù 不	xiǎng 想	qù pá shān. 去 爬 山。
Tā 他	bù 不	xiǎng 想	hé nǐ tán. 和 你 谈。

（3）疑問形　182

主語	助動詞	述語	疑問助詞
Nǐ 你	xiǎng 想	xué kāichē 学 开车	ma? 吗？
Nǐ 你	xiǎng 想	xué diànnǎo 学 电脑	ma? 吗？
Nǐ 你	xiǎng bu xiǎng 想 不 想	mǎi chē? 买 车？	*
Nǐ 你	xiǎng bu xiǎng 想 不 想	dǎgōng? 打工？	*

練習 9

I 音声を聴いて漢字（簡体字）で書きとりましょう。 183

❶ ……………

❷ …………… （サッカーをする：踢 足球）(tī zúqiú)

❸ ……………

❹ ……………

❺ ……………

❻ ……………

II 日本語を中国語に訳しましょう。

❶ あなたの家から大学までどのくらいの時間がかかりますか。

……………

❷ 李さんはガールフレンドといっしょにドライブに行きます。（ドライブをする：兜风）(dōufēng)

……………

❸ 私たちは７時半に駅で会いましょう。

……………

❹ 列車は何時に発車しますか。（列車、汽車：火车）(huǒchē)

……………

❺ 横浜は東京から30km あります。

……………

❻ 私の家は学校からあまり遠くありません。

……………

新出単語

会話

cóng 从 [前] …から。…より。[起点]
huǒchēzhàn 火车站 [名] (鉄道の)駅。
yìzhí 一直 [副] 真っすぐに。
wǎng 往 [前] …に向かって。…へ。
dào 到 [動] 到達する。至る。到着する。
le 了 [助] 動作や状態の実現・完了を表す。
shízì lùkǒu 十字路口 [名] 十字路。
yòu 右 [名] 右。
guǎi 拐 [動] 曲がる。
jiùshì 就是 まさしく…だ。とりもなおさず…だ。
lí 离 [前] …から。[基点] …まで。
jiù 就 [副] (…すると)すぐ。
xiǎng 想 [助動] …したい。…したいと思う。…しようと考える。⇔不想 [動] 思う。考える。(大体50%の実現でなんとなく思う)。
gēn 跟 [前] …と。
hǎo 好 [形] (応答に用いて同意・了承などを表す)よろしい。よし。良い。了解。
a 啊 [助] 文末に用いて肯定の語気を表す。
nàme 那么 [接] では。じゃあ。それでは。
jiàn / miàn 见面 [動] 会う。面会する。
ménkǒu 门口 [名] 門。戸口。玄関。入口。
jiàn 见 [動] 会う。対面する。
hǎo de 好的 わかりました。
bú jiàn bú sàn 不见不散 相手が来るまでその場で待つ(待ち合せの約束をする際の決まり文句)。では、約束しましたよ。

文法

Dàbǎn 大阪 [名] 大阪。
kǎoshì 考试 [名] 試験。
cóng ... dào 从 … 到 ～から…まで。
fēng 封 [助数] (手紙を数える)通。
xìn 信 [名] 手紙。
jì 寄 [動] 郵送する。(手紙を)出す。
dào 到 [前] …に向かって。…へ。
gōnglǐ 公里 [助数] キロメートル。
dàkǎo 大考 [名] 学期末試験。
hái 还 [副] まだ。あと。
shǔjià 暑假 [名] 夏休み。
Ōuzhōu 欧洲 [名] ヨーロッパ。欧州。
lǚxíng 旅行 [動] 旅行する。[名] 旅行。
pá / shān 爬山 山に登る。山登りをする。
tán 谈 [動] 話す。語る。話し合う。
kāi / chē 开车 [動] 車を運転する。
chē 车 [名] 車。カー。
wánr 玩儿 [動] 遊ぶ。
Chōngshéng 冲绳 [名] 沖縄。
shāngliang 商量 [動] 相談する。話し合う。
zài 在 [前] …で。
xiě 写 [動] 書く。
cāochǎng 操场 [名] 運動場。グラウンド。

練習

tī zúqiú 踢 足球 サッカーをする。
huǒchē 火车 [名] 列車。汽車。
dōufēng 兜风 [動] ドライブをする。
Héngbīn 横滨 [名] 横浜。

第10課

Nǐ zuótiān qù nǎr le?
你 昨天 去 哪儿 了?

学習ポイント "了"の用法（①動作の完了、実現 ②変化）

会話 184

Nǐ zuótiān qù nǎr le?
A：你 昨天 去 哪儿 了?

Qù shízhuāngdiàn mǎile liǎng jiàn Txùshān, nǐ ne?
B：去 时装店 买了 两 件 T恤衫，你 呢?

Wǒ gēn tóngxué yìqǐ qù kàn zúqiú bǐsài le.
A：我 跟 同学 一起 去 看 足球 比赛 了。

Nǎ liǎng ge duì bǐsài?
B：哪 两 个 队 比赛?

Rìběn duì hé Déguó duì.
A：日本 队 和 德国 队。

Rìběn duì yíngle méiyou?
B：日本 队 赢了 没有?

Yíngle, sān bǐ yī.
A：赢了，三 比 一。

Nà tài hǎo le.
B：那 太 好 了。

簡体字と繁体字

买（買）比（比）赛（賽）队（隊）赢（贏）

文法

1 完了を表す動態助詞“了”(le)

動詞の後ろに置き、動作、行為が完了したことを表す。

（1）肯定形 185

①動詞が自動詞として単独で機能する場合

主語	動詞	了
Tā 他	lái 来	le. 了。
Xīnxuéqī 新学期	kāishǐ 开始	le. 了。
Yǔ 雨	tíng 停	le. 了。

②動詞が目的語を取る場合

動態助詞“了”とともに、語気助詞“了”を用いる。

（ア）目的語に修飾語がついていない場合は、動態助詞“了”は省略される。 186

主語	動詞	目的語	語気助詞
Wǒ 我	mǎi 买	yīfu 衣服	le. 了。
Tā 他	dǎ 打	diànhuà 电话	le. 了。
Wǒmen 我们	kàn 看	diàn shì 电视	le. 了。

★語気助詞“了”を省略すると、文が完結しなくなる。

（イ）目的語に修飾語がついている場合は、ふつう語気助詞“了”は省略される。 187

主語	動詞	動態助詞	修飾語	目的語
Wǒ 我	kàn 看	le 了	jīntiān de 今天 的	bào. 报。
Tā 她	mǎi 买	le 了	hěn duō 很 多	dōngxi. 东西。

（ウ）修飾語が数量を表す語の時は文末に“了”(語気助詞)があるかないかで意味が変わる。 188

主語	動詞	動態助詞	修飾語	目的語	語気助詞
Wǒ 我	xué 学	le 了	liǎng nián 两 年	Hànyǔ. 汉语。	
Wǒ 我	xué 学	le 了	liǎng nián 两 年	Hànyǔ 汉语	le. 了。

（2）否定形 189

主語	副詞	否定詞	動詞	目的語
Tā 他	*	méi (you) 没（有）	lái. 来。	*
Wǒ 我	*	méi (you) 没（有）	chī 吃	fàn. 饭。
Tā 她	hái 还	méi (you) 没（有）	qù 去	Zhōngguó. 中国。

★“没有”の“有”は省略できる。客観的状況の否定、動作、行為の未完了を表すから「～しなかった」「～していない」と訳せる。

（3）疑問形 190

“吗”疑問文	反復疑問文
Tā láile ma? 他 来了 吗？	Tā láile méiyou? 他 来了 没有？
Fēijīpiào mǎile ma? 飞机票 买了 吗？	Fēijīpiào mǎile méiyou? 飞机票 买了 没有？
Nǐmen xǐ liǎn le ma? 你们 洗 脸 了 吗？	Nǐmen xǐ liǎn le méiyou? 你们 洗 脸 了 没有？

★反復疑問文の“没有”の“有”は省略できない。

【参考】

動詞が目的語を伴う場合は、①動詞を繰り返して用い、その動詞の後ろに置くか、②目的語の修飾語とする。また③目的語が人称代名詞の場合は、ふつう時間量は目的語の後ろに置く。

Wǒ xué Hànyǔ xuéle liǎng nián.
① 我 学 汉语 学了 两 年。（私は中国語を 2 年間勉強しました。）

Wǒmen xuéle liǎng nián Hànyǔ.
② 我们 学了 两 年 汉语。（私たちは 2 年間中国語を勉強しました。）

Wǒmen děng tā bànge xiǎoshí.
③ 我们 等 她 半个 小时。（私たちは彼女を30分待ちます。）

2　語気助詞の“了”(le)

(1) 形容詞述語文に用いて、新しい状況の出現を表す。 191

Háizi dà le.
孩子 大 了。

Mǔqin de bìng hǎo le.
母亲 的 病 好 了。

(2) “是”述語文に用いて、新しい状態の出現を表す。 192

Tā shì dàxuéshēng le.
她 是 大学生 了。

Tā shì bàba le.
他 是 爸爸 了。

(3) 一部の動詞に用い、状態の変化、新しい状況の出現を表す。 193

Tā yǒu nǚpéngyou le.
他 有 女朋友 了。

Wǒ míngtiān bú qù xuéxiào le.
我 明天 不去 学校 了。

(4) 名詞に直接ついて変化・到達を表す。 194

Yǐjing jiǔ diǎn le.
已经 九 点 了。

Tā jīnnián èrshí suì le.
她 今年 二十 岁 了。

練習 10

I 音声を聴いて漢字（簡体字）で書きとりましょう。 195

❶ ……………………

❷ …………………… （野球：棒球 bàngqiú）

❸ ……………………

❹ ……………………

❺ ……………………

❻ ……………………

II 日本語を中国語に訳しましょう。

❶ 昨晩私は野球の試合を見に行きました。

……………………

❷ あなたはコーラを何杯飲みましたか。（コーラ：可乐 kělè）

……………………

❸ 彼女は服をたくさん買いました。（衣服：衣服 yīfu）

……………………

❹ 映画は始まりましたか。

……………………

❺ あなたは昨日何を買いましたか。

……………………

❻ 昨日は寒かったのですが、今日は暖かくなりました。

……………………

新出単語

会話

shízhuāngdiàn 时装店 名 ブティック。

duì 队 名 チーム。

Rìběn duì 日本队 名 日本チーム。

Déguó duì 德国队 名 ドイツチーム。

bǐsài 比赛 名 試合。

yíng 赢 動 勝負に勝つ。

bǐ 比 動 (試合の得点などが) …対…である。

文法

xīn xuéqī 新学期 名 新学期。

yǔ 雨 名 雨。

tíng 停 動 (雨などが) やむ。

yīfu 衣服 名 衣服。

dǎ 打 動 (電話を) かける。(付く目的語によりさまざまな意味をもつ。)

diànhuà 电话 名 電話。

fēijīpiào 飞机票 名 航空券。

xǐ 洗 動 洗う。

liǎn 脸 名 顔。

háizi 孩子 名 子ども。

bù ... le 不 … 了 ～しないことにした。～しないことになった。(意思の変化を表す。)

yǐjing 已经 副 すでに。もう。

練習

bàngqiú 棒球 名 野球。

kělè 可乐 名 コーラ。

第11課

Wǒ xiǎng xué Hànyǔ

我想学汉语

学習ポイント ①助動詞（2）“要”「～したい、～しなければならない」、“得”「～しなければならない」、“应该”「～すべきだ」

②因果関係を表す複文“因为～所以……”「～だから……」

会話 196

Wǒ hěn xiǎng xuéxí Hànyǔ.
A：我 很 想 学习 汉语。

Wèi shénme?
B：为 什么？

Yīnwei wǒ yào liúxué, děi xuéxí pǔtōnghuà hé Guǎngdōnghuà.
A：因为 我 要 留学，得 学习 普通话 和 广东话。

Shì zhèyàng a. Nǐ měitiān xuéxí duō cháng shíjiān?
B：是 这样 啊。你 每天 学习 多 长 时间？

Yí ge xiǎoshí zuǒyòu.
A：一 个 小时 左右。

Wǒ juéde xuéxí shíjiān búgòu, yīnggāi měitiān xuéxí liǎng ge xiǎoshí.
B：我 觉得 学习 时间 不够，应该 每天 学习 两 个 小时。

簡体字と繁体字

习（習）汉（漢）语（語）为（爲）话（話）
长（長）觉（覺）够（夠）应（應）该（該）习（習）

1　助動詞“要”(yào)

（1）「…したい」「…したがっている」と願望を表す。“要”は第９課で学んだ“想”より意志が強い。

①肯定形　197

主語	助動詞	述語
Wǒ 我	yào 要	chī Zhōngguócài, tèbié shì Guǎngdōngcài. 吃 中国菜，特别 是 广东菜。
Tā 他	yào 要	dāng fānyì. 当 翻译。
Tāmen 他们	yào 要	tán jítā. 弹 吉他。

★“很”“非常”などの副詞を付けない。

②否定形　198

主語	助動詞	述語
Wǒ 我	bù xiǎng 不 想	chī Hánguócài. 吃 韩国菜。
Tā 她	bù xiǎng 不 想	hē píjiǔ. 喝 啤酒。

★否定形に“不要”を用いない。

③疑問形　199

主語	助動詞	述語
Nǐ 你	yào 要	chī Sìchuāncài ma? 吃 四川菜 吗？
Nǐmen 你们	yào 要	tīng yīnyuè ma? 听 音乐 吗？
Nǐ 你	yào bu yào 要 不 要	tiàowǔ? 跳舞？

（2）「…しなければならない」「…すべきである」と必要・義務を表す場合

①肯定形　200

主語	助動詞	述語
Xuéshengmen 学生们	yào 要	nǔlì xuéxí. 努力 学习。
Nǐmen 你们	yào 要	shōují zīliào. 收集 资料。

★会話文にもあるように“得”に置きかえることもできる。

②否定形

主語	助動詞	述語
Nǐmen 你们 Nǐmen 你们	búyòng 不用 búbì 不必	mǎi kèběn. 买 课本。 mǎi cídiǎn. 买 词典。

201

★否定形に“不要”を用いない。“不要”を用いると「…してはいけない、…するな」という禁止の意を表す。

2 助動詞“应该”(yīnggāi)

「…でなければならない」「…すべきである」と蓋然性を表す。

（1）肯定形

主語	助動詞	述語
Nǐ 你 Nǐmen 你们	yīnggāi 应该 yīnggāi 应该	xuéxí Yīngyǔ hé Hànyǔ. 学习 英语 和 汉语。 qù liúxué. 去 留学。

202

（2）否定形

主語	助動詞	述語
Nǐ 你	bù yīnggāi 不 应该	chōu yān. 抽 烟。
Xuéshengmen 学生们	bù yīnggāi 不 应该	kuàng kè. 旷 课。

203

204

（3）疑問形

主語	助動詞	述語	
Wǒmen míngtiān 我们 明天	yīnggāi 应该	dǎsǎo fángjiān 打扫 房间	ma? 吗？
Wǒmen 我们 Wǒmen 我们	yīnggāi bu yīnggāi 应该 不 应该 yīng bu yīnggāi 应 不 应该	zhùyì wèishēng? 注意 卫生？ zhùyì wèishēng? 注意 卫生？	* *

3 助動詞“得”(děi)

「…しなければならない」「…する必要がある」と必要・義務を表す。★口語で使う。

(1) 肯定形 205

Wǒ děi qù Běihǎidào.
我 得 去 北海道。

(2) 否定形は“不用”を用いて表す 206

Jīntiān wǒ búyòng qù xuéxiào.
今天 我 不用 去 学校。

(3) 疑問形 207

Nǐ míngtiān děi shàngbān ma?
你 明天 得 上班 吗？

4 因果関係を表す“因为…所以…”(Yīnwei…, suǒyǐ…)

「…なので、だから…」と因果関係を表す。 208

Yīnwei xià yǔ, suǒyǐ méi qù.
因为 下 雨，所以 没 去。

Yīnwei wǒ gǎnmào le, suǒyǐ méi shàngkè.
因为 我 感冒 了，所以 没 上课。

練習 11

I 音声を聴いて漢字（簡体字）で書きとりましょう。 209

❶ ……………………………………

❷ ……………………………………

❸ ……………………………………

❹ ……………………………………

❺ ……………………………………

❻ ……………………………………

II 正しい語順になるように並べ替えましょう。

❶ **私の妹はアメリカに留学したがっています。**

Měiguó yào mèimei liúxué qù wǒ
（美国，要，妹妹，留学，去，我）

……………………………………

❷ **私は明日早起きしなくてはなりません。**（早起き：早起 zǎoqǐ）

yào zǎoqǐ míngtiān wǒ
（要，早起，明天，我）

……………………………………

❸ **私は中日辞典を買いたい。日中辞典は買いません。**

（中日辞典：汉日词典 Hàn-Rì cídiǎn）（日中辞典：日汉词典 Rì-Hàn cídiǎn）

Hàn-Rì cídiǎn Rì-Hàn cídiǎn yào bù wǒ mǎi mǎi
（汉日词典，日汉词典，要，不，我，买，买）

……………………………………

❹ **あなたは体の健康にしっかり注意すべきです。**（健康：健康 jiànkāng）

Yīnggāi zhùyì shēntǐ jiànkāng nǐ
（应该，注意，身体 健康，你）

……………………………………

5 あなたはあやまるべきではありません。（あやまる：道歉 dào / qiàn）

dàoqiàn　bù　nǐ　yīnggāi
（道歉，不，你，应该）

6 若者は政治に関心を持つべきです。

（若者：年轻人 niánqīngrén）（関心をもつ：关心 guānxīn）（政治：政治 zhèngzhì）

niánqīngrén　guānxīn　zhèngzhì　yīnggāi
（年轻人，关心，政治，应该）

新出単語

会話

wèi shénme 为什么 疑 なぜ。どうして。

yīnwei 因为 接 …なので（原因を表す）。

yào 要 助動 1．…したい。（大体80％の見込みで思う。）…しようとする。2．…しなければならない。動 いる。必要とする。ほしい。

liúxué 留学 動 留学する。名 留学。

děi 得 助動 …しなければならない。…する必要がある。

pǔtōnghuà 普通话 名 標準語。共通語。

Guǎngdōnghuà 广东话 名 広東語。

zhèyàng 这样 代 このような。そのような。

duō cháng shíjiān 多长时间 どのくらいの（長さの）時間。

zuǒyòu 左右 名 くらい。約。

juéde 觉得 動 …と思う。感じる。考える。…のような気がする。

búgòu 不够 動 足りない。不足する。不十分だ。

yīnggāi 应该 助動 …すべきだ。当然…であるべき。

文法

Zhōngguócài 中国菜 名 中華料理。

tèbié 特别 副 特に。特別に。形 特別な。

Guǎngdōngcài 广东菜 名 広東料理。

dāng 当 動 …になる。

fānyì 翻译 動 通訳する。名 通訳。通訳者。

tán 弹 動 弾く。

jítā 吉他 名 ギター。

píjiǔ 啤酒 名 ビール。

Hánguó 韩国 名 韓国。

yīnyuè 音乐 名 音楽。

tiào / wǔ 跳舞 動 ダンスをする。踊る。

shōují 收集 動 収集する。集める。

zīliào 资料 名 資料。データ。材料。

búyòng 不用 副 …する必要はない。…には及ばない。"要"の否定を表す。

búyào 不要 副 …するな。…しないで。（禁止を表す。）

búbì 不必 副 …するに及ばない。…する必要はない。

kuàng / kè 旷课 動（授業を）さぼる。無断で欠席する。

dǎsǎo 打扫 動 掃除する。片付ける。

fángjiān 房间 名 部屋。ルーム。

zhùyì 注意 動 注意する。名 注意。

wèishēng 卫生 名 衛生。

shàng / bān 上班 動 勤務する、出勤する。

練習

zǎoqǐ 早起 動 早起きする。

Hàn-Rì cídiǎn 汉日词典 名 中日辞典。

Rì-Hàn cídiǎn 日汉词典 名 日中辞典。

jiànkāng 健康 名 健康。形 健康である。

dào / qiàn 道歉 動 あやまる。わびる。

niánqīngrén 年轻人 名 若者。若い人。青年。

guānxīn 关心 動 関心をもつ。名 関心。

zhèngzhì 政治 名 政治。

語彙索引 数字は初出を表す。

děi 得 …しなければならない。…する必要がある。 88
diǎn 点 （時間の単位）時。 69
diǎn 点 （時間の単位）時。 69
diànhuà 电话 電話。 81
diànnǎo 电脑 パソコン。 30
diànshìjī 电视机 テレビ。 57
diànyǐng 电影 映画。 40
dìdi 弟弟 弟。 30
Dōngjīng 东京 東京。 40
dōngxi 东西 物。品物。 63
dōu 都 （疑問文において）複数の答えを予想する。 56
dōu 都 みな。全部。 30
dōu / fēng 兜风 ドライブをする。 75
duǎn 短 短い。 35
duànliàn 锻炼 （身体や精神を）鍛える。トレーニングをする。 69
duì 队 チーム。 81
duìbuqǐ 对不起 すみません。申し訳ありません。 40
duìmiàn 对面 向かい。向かい側 63
duō 多 ～あまり。 56
duō 多 多い。 35
duō cháng shíjiān 多长时间 どのくらいの（長さの）時間。 88
duō dà 多大 何歳。 45
duōshao 多少 （数量が）どのくらい。 56
duōshao qián 多少钱 いくらですか。（買い物で値段をたずねる時に使う）。 56

F

fàn 饭 食事。ご飯。 40
fángjiān 房间 部屋。ルーム。 88
fānyì 翻译 通訳する。通訳。通訳者。 88
fāyīn 发音 発音。 35
fēicháng 非常 非常に。きわめて。たいへん。 35
fēijī 飞机 飛行機。 69
fēijīpiào 飞机票 航空券。 81
fēn 分 貨幣の単位。（元の 100 分の 1 ） 57
fēn 分 （時間の単位）分。 69
...fēnzhōng ...分钟 …分間。 69
fēng 封 （手紙を数える）通。 75
fùmǔ 父母 両親。父母。 35
fùqin 父亲 父親。お父さん。 56

G

gānjìng 干净 清潔である。きれいである。 35
gāoshòu 高寿 お年（老人に年齢を問うときに用いる）。 45
gāoxìng 高兴 うれしい。うれしがる。愉快になる。楽しい。 63
ge 个 人や事物に用いる。 56
...ge xiǎoshí ...个小时 …時間。 69
...ge xīngqī ...个星期 …週間。 69
...ge yuè ...个月 …カ月。 69
gēge 哥哥 兄。 56
gēn 跟 …と。 75
gōnglǐ 公里 キロメートル。 75
gōngxīnzú 工薪族 サラリーマン。 30
gōngyuán 公元 西暦紀元。西暦。 45
gōngyuán 公园 公園。 56
gōngzuò 工作 働く。仕事をする。仕事。 35
gǒu 狗 犬。 56
guǎi 拐 曲がる。 75
Guǎngdōngcài 广东菜 広東料理。 88
Guǎngdōnghuà 广东话 広東語。 88
Guǎngzhōu 广州 広州。 56
guānxīn 关心 関心をもつ。関心。 88
guò xīnnián 过新年 新年を迎える。 63

H

hái 还 まだ。あと。 75
háizi 孩子 子ども。 81
Hánguó 韩国 韓国。 88
Hánguórén 韩国人 韓国人。 30
Hàn-Rì cídiǎn 汉日词典 中日辞典。 88
Hànyǔ 汉语 中国語。漢語（漢民族の言語）。 35
Hànzì 汉字 漢字。 50
hǎo 好 （応答に用いて同意・了承などを表す）よろしい。よし。よい。了解。 75
hǎo 好 良い。元気である。健康である。 35
hǎo de 好的 わかりました。 75

hǎo péngyou	好朋友	仲良し。親友。	30
hǎohē	好喝	（飲んで）おいしい。	50
hé	和	～と～。	45
hē	喝	飲む。	40
hēibǎn	黑板	黒板。	63
hěn	很	とても。たいへん（強く読まないと「とても」の意味をもたない）	35
Héngbīn	横滨	横浜。	75
Héngbīn zhàn	横滨站	横浜駅。	50
hóngchá	红茶	紅茶。	40
hòu	后	～後。～してから。	69
hòu	厚	厚い。	35
hòubianr	后边儿	後ろ。	63
hòumiàn	后面	後ろ。後ろ側。	63
hòunián	后年	再来年。	45
hòutiān	后天	明後日。あさって。	45
huāchá	花茶	ジャスミン茶などの花の香りをつけたお茶。	30
huār	花儿	花。	50
huǒchē	火车	列車。汽車。	75
huǒchēzhàn	火车站	（鉄道の）駅。	75
hùshi	护士	看護師。	30
hùzhào	护照	パスポート。	40

J

jì	寄	郵送する。（手紙を）出す。	75
jǐ	几	（多く 10 以下の数を予想して）いくつ。	56
jǐ diǎn	几点	何時。	69
jǐ hào	几号	何日。	45
jǐ suì	几岁	いくつ？	45
jǐ yuè	几月	何月。	45
jiā	家	家。	56
jiàn	件	事や衣服を数える。	56
jiàn	见	会う。対面する。	75
jiàn / miàn	见面	会う。面会する。	75
jiànkāng	健康	健康。健康である。	88
jiǎo	角	貨幣の単位（元の 10 分の 1）	57
jiàoshì	教室	教室。	63
jié	节	授業のコマ数など区切りのあるものに用いる。	69
jiějie	姐姐	姉。	30
jīn	斤	重さの単位。1 斤は 500g。	57
jìn	近	近い。	35
jìnlái	近来	近ごろ。最近。	35
jīnnián	今年	今年。	45
jīntiān	今天	今日。	35
jítā	吉他	ギター。	88
jiù	就	（～すると）すぐ。	75
jiǔ	酒	お酒。	40
jiùshi	就是	まさしく…だ。とりもなおさず…だ。	75
juéde	觉得	…と思う。感じる。考える。…のような気がする。	88

K

kāfēi	咖啡	コーヒー。	40
kāfēitīng	咖啡厅	カフェ。	56
kāi / chē	开车	車を運転する。	75
kāishǐ	开始	開始する。始まる。	69
kāishǐ shàngkè	开始上课	授業が始まる。	69
kàn	看	見る。	40
kǎoshì	考试	試験。	75
kè	课	授業。講義。	50
kèběn	课本	教科書。	30
kělè	可乐	コーラ。	81
kòngr	空儿	暇。	40
kǒu	口	家族の人数を数える。	56
kuài	块	貨幣の単位。元。	56
kuàijìxué	会计学	会計学。	50
kuàizi	筷子	箸。はし。	56
kuàng / kè	旷课	（授業を）さぼる。無断で欠席する。	88
kùzi	裤子	ズボン。	56

L

lái	来	来る。	40
láizì	来自	～から来る。	50
lǎobǎn	老板	商店の経営者。呼びかけに用いる。	56
lǎobǎnniáng	老板娘	商店経営者の奥さん。おかみさん。	56
lǎoshī	老师	先生。	30
le	了	動作や状態の実現・完了を表す。	75

lěng	冷	寒い。	35
li	里	なか。内。	63
lí	离	…から。[基点] …まで。	75
Lǐ	李	李。(中国人の姓)	30
liǎn	脸	顔。	81
liǎng	两	二。ふつう助数詞の前で用いる。	56
liǎng ge xiǎoshí	两个小时	2時間。	69
liǎng tiān	两天	2日間。	69
liángkuai	凉快	涼しい。	35
lǐbài'èr	礼拜二	火曜日。	45
lǐbàiliù	礼拜六	土曜日。	45
lǐbàirì	礼拜日	日曜日。	45
lǐbàisān	礼拜三	水曜日。	45
lǐbàisì	礼拜四	木曜日。	45
lǐbàitiān	礼拜天	日曜日。	45
lǐbàiwǔ	礼拜五	金曜日。	45
lǐbàiyī	礼拜一	月曜日。	45
lǐbianr	里边儿	なか。内側。	63
lǐmiàn	里面	なか。内側。	63
líng	零	ゼロ。零。	69
liúxué	留学	留学。留学する。	88
liúxuéshēng	留学生	留学生。	30
lǚxíng	旅行	旅行する。旅行。	75

M

ma	吗	文末に用いて疑問を表す。～か。	30
mǎi	买	買う。購入する。	57
māma	妈妈	お母さん。	30
máng	忙	忙しい。	35
máo	毛	貨幣の単位。元の10分の1。	56
máojīn	毛巾	タオル。	57
Měiguó	美国	アメリカ。米国。	30
Měiguórén	美国人	アメリカ人。	50
mèimei	妹妹	妹。	56
měitiān	每天	毎日。	69
méiyǒu	没有	持っていない。ない。	40
ménkǒu	门口	門。戸口。玄関。入口。	75
mǐfàn	米饭	ご飯。	40
míngnián	明年	来年。	45
míngtiān	明天	明日。あした。	45
mǔqin	母亲	母親。お母さん。	56

N

ná	拿	持つ。つかむ。取る。	69
nà	那	それ。その。あれ。あの。	30
nà	那	(上に述べたことを指して) それ。	35
nǎ	哪	どれ。どの。	30
nǎ guó rén	哪国人	どこの国の人？	50
nà tài hǎo le	那太好了	それはすばらしいですね。	35
nàli	那里	そこ。あそこ。あちら。	56
nǎli	哪里	どこ。	56
nàme	那么	では。じゃあ。それでは。	75
nán	难	難しい。	35
nánbianr	南边儿	南。南側。	63
nǎr	哪儿	どこ。	56
nàr	那儿	そこ。あそこ。あちら。	56
ne	呢	いぶかる気持ちで問いかけをする時に文末に置く。(どうして) ～なの。	50
ne	呢	～は？	35
nǐ	你	あなた。君。	30
nián	年	年。	69
niàn	念	(声を出して) 読む。唱える。音読する。	50
niánqīngrén	年轻人	若者。若い人。青年。	88
nín	您	あなた。"你"の敬称。	30
Niǔyuē	纽约	ニューヨーク。	50
nuǎnhuo	暖和	暖かい。	35

O

Ōuzhōu	欧洲	ヨーロッパ。欧州。	75

P

pá / shān	爬山	山に登る。山登りをする。	75
pángbiānr	旁边儿	わき。近く。そば。	63
péngyou	朋友	友達。友人。	40
piányi	便宜	安い。安価だ。	35
píjiǔ	啤酒	ビール。	88
píngguǒ	苹果	りんご。	56
pǔtōnghuà	普通话	標準語。共通語。	88

Q

qiān	千	千。	56
qiánbāo	钱包	財布。	63
qiánnián	前年	一昨年。おととし。	45
qiántiān	前天	一昨日。おととい。	45
Qīngdǎo píjiǔ	青岛啤酒	青島ビール。	50
qǐngwèn	请问	おたずねします。	63
qù	去	行く。	40
qùnián	去年	去年。昨年。	45

R

rè	热	暑い。	35
rén	人	人。	56
rèqíng	热情	親切な。心がこもっている。	35
Rìběn	日本	日本。	30
Rìběn duì	日本队	日本チーム。	81
Rìběnrén	日本人	日本人。	30
Rì-Hàn cídiǎn	日汉词典	日中辞典。	88

S

sān	三	三。	56
sān kè	三刻	45分。	69
shang	上	名詞の後ろに置き、場所であることを明確にする。	63
shàng / bān	上班	勤務する。出勤する。	88
shàng ge xīngqī	上个星期	先週。	45
shàng ge yuè	上个月	先月。	45
shàng / kè	上课	授業をする。授業を受ける。授業に出る。	69
Shànghǎi	上海	上海。	40
shāngliang	商量	相談する。話し合う。	75
shàngwǔ	上午	午前。	69
shéi / shuí	谁	だれ。どなた。	30
Shèngdànjié	圣诞节	クリスマス。降誕祭。	45
shēngrì	生日	誕生日。	45
shénme	什么	(名詞の前に置き、疑問を表す) どんな。どういう。	50
shì	是	(～は) である。(～) です。はい、そのとおりです。	30
shíjiān	时间	時間。時刻。	40
shìqing	事情	事。出来事。	56
shítáng	食堂	食堂。	63
shízhuāngdiàn	时装店	ブティック。	81
shízì lùkǒu	十字路口	十字路。	75
shǒubiǎo	手表	腕時計。	35
shōují	收集	収集する。集める。	88
shǒujī	手机	携帯電話。	40
shū	书	本。書籍。	30
shuāng	双	対になっているものを数える。	56
shūbāo	书包	カバン。	30
shuì	睡	眠る。寝る。	69
shuì / jiào	睡觉	眠る。寝る。	69
shǔjià	暑假	夏休み。	75
shùxià	树下	木の下。	63
suì	岁	…歳。	45
suìshu	岁数	年齢。年。	45

T

tā	她	彼女。	30
tā	它	それ。その。あれ。あの。	30
tài～le	太…了	形容詞の程度を強調する。とても～だ。ほんとうに～だ。	35
Táiwān	台湾	台湾。	30
tāmen	她们	彼女たち。	30
tāmen	他们	彼ら。	30
tāmen	它们	それら。	30
tán	谈	話す。語る。話し合う。	75
tán	弹	弾く。	88
tèbié	特别	特に。特別に。特別な。	88
tī zúqiú	踢足球	サッカーをする。	75
tiān	天	日数を数えるときに用いる。	69
tiānqì	天气	天気。	35
Tiánzhōngjiā	田中家	田中さんの家。	63
tiáo	条	犬、ズボン、ネクタイなどを数える。	56
tiào / wǔ	跳舞	ダンスをする。踊る。	88
tíng	停	(雨などが) やむ。	81
tuō / fú	托 / 福	おかげさまで。tuō nín de fú (托您的福)	35
túshūguǎn	图书馆	図書館。	30
Txùshān	T恤衫	Tシャツ。	56

W

wàiyǔ	外语	外国語。	50
wǎng	往	…に向かって。…へ。	75
Wáng	王	〈姓〉王。(中国人の姓)。	40
wánr	玩儿	遊ぶ。	75
wǎnshang	晚上	夜。晩。	69
wàzi	袜子	靴下。	56
wèi	位	人を数える（敬意を込めた言い方)。	30
wèi shénme	为什么	なぜ。どうして。	88
wéijīn	围巾	マフラー。スカーフ。	50
wèishēng	卫生	衛生。	88
wēixìn	微信	ウィーチャット。(メッセンジャーアプリ)	40
wǒ	我	わたし。	30
wǒmen	我们	わたしたち。	30
wūlóngchá	乌龙茶	ウーロン茶。	57
wūzi	屋子	部屋。	63

X

xǐ	洗	洗う。	81
xǐ / zǎo	洗澡	入浴する。風呂に入る。	69
xià ge xīngqī	下个星期	来週。	45
xià ge yuè	下个月	来月。	45
xià / kè	下课	授業が終わる。	69
xiǎng	想	…したい。…したいと思う。…しようと考える。	75
xiānsheng	先生	(男性の敬称）…さん。	30
xiànzài	现在	現在。いま。	69
xiǎo	小	小さい。	35
Xiǎo Sūn	小孙	孫さん。(“小”は自分より年下の人に親しみを込める。孫は中国人の姓。)	63
xiǎolóngbāo	小笼包	小籠包。ショーロンポー。	50
xiǎoshí	小时	(時を数える単位）時間。	69
xiǎoshuō	小说	小説。	56
xiàtiān	夏天	夏。	35
xiàwǔ	下午	午後。	69
xiě	写	書く。	75
xié	鞋	靴。くつ。シューズ。	56
xièxie	谢谢	ありがとうございます。	35
xìn	信	手紙。	75
xīn xuéqī	新学期	新学期。	81
xíngli	行李	荷物。	56
xīngqī'èr	星期二	火曜日。	45
xīngqījǐ	星期几	何曜日。	45
xīngqīliù	星期六	土曜日。	45
xīngqīrì	星期日	日曜日。	45
xīngqīsān	星期三	水曜日。	45
xīngqīsì	星期四	木曜日。	45
xīngqītiān	星期天	日曜日。	45
xīngqīwǔ	星期五	金曜日。	45
xīngqīyī	星期一	月曜日。	45
xiōngdì jiěmèi	兄弟姐妹	兄弟姉妹。	40
xiūxi	休息	休む。休憩する。	45
xué	学	学ぶ。習う。勉強する。	50
xuéxí	学习	学ぶ。習う。勉強する。	50
xuéxiào	学校	学校。	30

Y

yǎnjing	眼睛	目。	63
yào	要	1. …したい。(大体 80% の見込みで思う。) …しようとする。2. …しなければならない。いる。必要とする。ほしい。	88
yào	要	求める。欲しい。いる。必要だ。	56
yàoshi	钥匙	鍵。	56
yě	也	～もまた。	30
yī	一	一。	56
yí kè	一刻	15 分。	69
yì tiān	一天	1 日。	69
yīfu	衣服	衣服。	81
yígòng	一共	合わせて。全部で。まとめて。合計。	56
yǐjing	已经	すでに。もう。	81
yíng	赢	勝負に勝つ。	81
yīnggāi	应该	…すべきだ。当然…であるべき。	88
yīnghuā	樱花	桜。桜の花。	50
Yīngwén	英文	英語。英文。	57
Yīngyǔ	英语	英語	50
yínháng	银行	銀行。バンク。	63
yīnwèi	因为	…なので（原因を表す)。	88

yīnyuè	音乐	音楽。	88
yīshēng	医生	医師。医者。	30
yìzhí	一直	真っ直ぐに。	75
yǐzi	椅子	椅子。	56
yòu	右	右。右側。	75
yǒu	有	ある。持っている。	40
yǒu	有	(存在を表す) ある。いる。(所有を表す) 持っている。	56
yǒu méiyǒu	有没有?	(～は) はありますか。(～を) 持っていますか。	56
yòubianr	右边儿	右。右側。	63
yóujú	邮局	郵便局。	63
yǔ	雨	雨。	82
yuán	元	貨幣の単位。(書き言葉)	57
yuǎn	远	遠い。	35
yǔsǎn	雨伞	傘。	56

Z

zài	在	(～に) ある、いる。存在する。	63
zài	在	…で。	75
zánmen	咱们	(聞き手を含めて) わたしたち。	30
zǎoqǐ	早起	早起きする。	88
zázhì	杂志	雑誌。	57
zěnme	怎么	どのように。	50
zěnmeyàng	怎么样	(状況を尋ねる) どうですか。いかがですか。	50
zhāng	张	紙、机などを数える。	56
Zhāng	张	張 (中国人の姓)。	63
zhàoxiàngjī	照相机	カメラ。	40
zhè	这	これ。この。その。	30
zhè ge xīngqī	这个星期	今週。	45
zhè ge yuè	这个月	今月。	45
zhège, zhèige	这个	この。これ。	50
zhèli	这里	ここ。こちら。	56
zhèngzhì	政治	政治。	88
zhēnzhū nǎichá	珍珠奶茶	タピオカティー。タピオカミルクティー。	56
zhèr	这儿	ここ。そこ。こちら。	56
zhèyàng	这样	このような。そのような。	88
zhǒng	种	種類を数える。	57
zhōng	钟	時刻。時間。	69
Zhōngguó	中国	中国 (中華人民共和国の略)。	30
Zhōngguócài	中国菜	中華料理。	88
Zhōngwén	中文	中国語。	30
Zhōngyāng gōngyuán	中央公园	中央公園。	50
zhǔn	准	確かな。正しい。正確な。	35
zhuōzi	桌子	机。テーブル。	56
zhùyì	注意	注意する。注意。	88
zīliào	资料	資料。データ。材料。	88
zǒu	走	歩く。行く。	50
zuò	做	作る。する。行う。	50
zuò	坐	座る。(乗り物に) 乗る。	69
zuǒbianr	左边儿	左。左側。	63
zuótiān	昨天	昨日。きのう。	45
zuǒyòu	左右	くらい。約。	88

わかりやすい入門中国語

著　者
日本大学教授　鈴木　基子
亜細亜大学教授　関口　　勝
亜細亜大学、日本大学講師　本間　直人
駒澤大学、日本大学講師　光吉さくら

2024. 3.3　初版発行

発行者　上 野 名 保 子

〒101-0062　東京都千代田区神田駿河台３の７
電話　東京03（3291）1676　FAX 03（3291）1675
発行所　振替　00190-3-56669番
E-mail:edit@e-surugadai.com
URL:http://www.e-surugadai.com

株式会社　駿河台出版社

㈱フォレスト

ISBN978-4-411-03164-8 C1087 ¥2300E